KB054694

흙수저 루저,
부동산 경매로
금수저 되다

개정판

흙수저 루저, 부동산 경매로 금수저 되다

초판 1쇄 2020년 7월 6일
초판 10쇄 2022년 8월 19일
개정 1판 4쇄 2024년 1월 5일

지은이 김상준
펴낸이 최경선
펴낸곳 매경출판㈜
책임편집 정혜재
마케팅 김성현 한동우 구민지
디자인 김보현 김신아

매경출판㈜
등록 2003년 4월 24일(No. 2-3759)
주소 (04557) 서울시 중구 충무로 2(필동1가) 매일경제 별관 2층 매경출판㈜
홈페이지 www.mk book.co.kr
전화 02)2000-2641(기획편집) 02)2000-2645(마케팅) 02)2000-2606(구입 문의)
팩스 02)2000-2609 이메일 publish@mkpublish.co.kr
인쇄 · 제본 ㈜M-print 031)8071-0961
ISBN 979-11-6484-487-6(03320)

책값은 뒤표지에 있습니다.
파본은 구입하신 서점에서 교환해 드립니다.

흙수저 루저, 부동산 경매로 금수저 되다

개정판

김상준 지음

매일경제신문사

꼭 절망의 늪에서 벗어나는 젊은이가 나왔으면 좋겠다

한동안 기초생활수급자 신분으로 반지하 방에서 친할머니와 함께 살았다. 땅을 파서 만든 집이어서 생활 주변에서 바퀴벌레, 쥐, 거미 등을 예사로 보며 살아야 했다. 어느 날 할머니께서 싱크대 밑에 쥐를 잡기 위해 끈끈이를 설치했는데 다음날 2마리가 잡혀 호들갑 떨었던 기억이 난다. 또한 화장실이 밖에 있는 집에 살아서 겨울에는 수도가 항상 얼어붙었고, 여름에는 각종 악취가 끊이지 않았다. 참으로 열악한 주거환경 속에서 살았다. 반지하 방인 탓에 길 가던 취객이 노상방뇨를 하면 창문으로 오물이 튀는 일도 자주 겪어야 했다. 끔찍한 과거다.

초등학교 때 똑같은 옷 입고 다닌다는 이유로, 냄새난다며 친구들이 다가오지 않았다. 그때 부모님도 원망하고, 가난이 너무 힘들어 매일 집에서 울었던 기억이 난다. 중학생이 된 이후부터 생각이 점차 달라졌다. '어차피 인생은 혼자 살아가야 한다. 그러니 내가 꼭 성공해서 보란 듯이 잘 살고 말테다'라고 늘 생각했다. 자나 깨나 그런 생각이 머릿속에서 떠나지 않았다. 그때부터 신문배달을 비롯해 공사장 막노동까지 안 해본 일이 없을 정도로 닥치는 대로 억세고 거친 삶을 살았다. 아주 어릴 적의 나는 무기력했을지 몰라도 자아의식이 싹트며 점차 목표의식이 뚜렷해지고 정신력도 강해지기 시작했다.

그리고 전문대에 입학하게 되었다. 우선 학비가 없으니 하루하루가 즐거울 리 없었다. 캠퍼스의 낭만 따위는 아예 생각할 여유도 없었다. 학교에서 일할 수 있는 근로장학생을 신청하고 반에서 할 수 있는 반대표도 맡았다. 대표를 자청한 것도 나서는 걸 좋아해서가 아니라 장학금을 받기 위한 것이었다. 그렇게 해서 돈을 벌고, 장학금을 받아 학비와 생활비를 충당하며 어렵게 대학을 졸업했다. 대학을 졸업했지만 사회에 나와 보니 세상은 내가 생각했던 것과 너무도 달랐다. '내가 어렵게 받은 대학 졸업장이 전혀 필요가 없구나', '이래서는 절대 인생이 달라지지 않겠다', '이 지독한 가난을 벗어날 수 없겠다' 하는 생각이 들었다.

우선은 자수성가 하여 자신의 꿈을 이룬 사람들, 혹은 소자본으로 막대한 부를 이룬 성공신화의 주인공 관련 책들을 미친 듯이 읽었다. 그래서 나온 결론은 성공하려면 세 가지 조건 중 하나는 이뤄야 한다는 거였다.

첫 번째는 아예 태어날 때부터 금수저를 가지고 나오는 경우다. 이 경우는 안정적으로 사업을 물려받을 수 있으며, 신규 사업이 궤도에 오를 때까지 버틸 수 있는 금전적인 여유와 시간을 지원받을 수 있다. 그러나 이 경우는 전체 인구를 놓고 볼 때 극소수에 불과하다. 아주 특별히 선택받은 자들만 이 경우에 해당한다. 자신이 그 상황이 아니라면 미련을 가질 필요는 없다.

두 번째는 재테크를 통해 수익률을 극대화하여 부를 만드는 경우다. 재테크는 크게 두 가지로 나눌 수 있다. 그중 하나는 부동산이다. 미래가치를 보고 매수하여 임대수익을 만들면서 추후 매도수익으로 재산을 증식하는 방법이다. 다른 하나는 주식을 통해 수익을 올리는 방법이다. 두 가지 재테크의 큰 차이점은 부동산은 세금이 있고, 주식은 세금이 없다는 점이다. 그래서 주식이 장점이 있는 것처럼 보이지만 주식은 본인의 의도와 상관없이 국내외 정치 및 경제적 상황에 따라 등락을 한다는 점이다. 예를 들어 트럼프의 말 한마디에 주가가 폭락하거나 상승할 수 있다.

세 번째는 내가 일하지 않아도 돈이 들어올 수 있는 시스템을 만들고 그걸 사업화하는 경우다. 내가 할 수 있는 현실적인 방법이 뭘까를 고민했다. 첫 번째는 금수저를 물고 태어난 경우로 가난을 타고난 사람은 전혀 해당되지 않았다. 그래서 자연스럽게 나머지 두 가지인 재테크와 사업을 준비하기로 했다. 재테크로는 보다 안전하고 현물자산이 될 수 있는 부동산을 공부하였고, 일반 매매는 돈이 없어 대출 레버리지를 최대한 활용할 수 있는 부동산 경매를 시작했다. 또한 사업 준비를 위해 꼭 알아야 하는 마케팅을 배우기로 했다. 그래서 광고대행사 영업부서에 입사를 했다. 남과 달리 생각하고 행동한 결과, 입사 5개월 만에 억대 연봉을 기록하는 높은 성과를 올렸다. 그 연봉은 내게 종잣돈이 되어 부동산 경매를 할 수 있게 했고, 지금까지 지속적으로 경매에 참여하여 차분히 부를 축적했다.

총 500만 원의 종잣돈으로 부동산 경매를 시작하여 지금까지 투자수익으로만 10억 원 이상의 자산을 만들었다. 또한 마케팅 광고대행사 및 경매 컨설팅 회사를 운영 중이다. 3개의 법인회사를 경영하며 거느리고 있는 총 직원 수는 50명 이상이다. 30대의 자수성가 기업 대표라는 나의 꿈을 실현하였다. 작은 종잣돈으로 시작한 경매를 통해 차분히 자본을 만들어낸 결과였다.

이 책에서 30대 자수성가 사업가가 된 나의 노하우를 공유하고 싶다. 절망 속에서 살고 있을지 모를 젊은이들과 노동 없이도 수입이 나올 수 있는 구조가 있다고 알려주고자 한다. 재테크의 일환으로 지속적인 수익을 내는 부동산 경매가 가장 현실적인 방법이 될 것이다. 이 책이 진정 도움이 되어 절망이 희망으로 변하길 바란다. 인생에서 실패를 한 번도 안 해본 사람은 새로운 시도를 한 번도 해보지 않은 사람이라고 한다.

책의 집필을 결심한 것은 내 삶이 결코 순탄하지 않았고 평범하지 않았기 때문이다. 최악의 상황에서 바닥을 찍고 신나게 롤러코스터를 타고 오르듯 비상한 경험을 했기 때문이다. 이 경험을 해보지 못한 이들은 절망에서 벗어날 수 없고 점차 용기를 잃어갈 수밖에 없다.

그들에게 한줄기 빛이 있다는 걸 알려주고 싶었다. 그들이 어떤 고통과 절망감 속에서 살고 있는지 누구보다 잘 알기에 그들에게 희망의 메시지를 주고 싶었다. 그래서 나의 노하우를 정리하기로 했다. 앞으로 재테크를 해나가야 하는 나 자신을 위해서라도 정리를 해두어야 했는데 책을 통해 다른 이들과도 공유할 수 있다고 생각하니 기쁘다. 이 책을 읽고 꼭 절망의 늪에서 벗어나는 젊은이가 나왔으면 좋겠다.

300년 전 사라졌다는 노예 제도는 현재도 존재한다

지금부터 약 320년 전인 1700년대에 흑인 노예가 있었다. 유럽은 아메리카에서 담배와 커피, 사탕수수 등의 작물을 재배해서 전 세계 시장에 판매하는 방식으로 큰 이익을 얻었다. 담배와 더불어 유럽 사람들이 열광한 것은 바로 설탕이었다. 설탕의 원료인 사탕수수를 재배하는 일부터 설탕을 만드는 일, 담배를 재배하는 일은 엄청난 노동력을 필요로 했다. 그 일은 이익이 컸지만 무척 고된 일이었다. 그래서 아프리카 대륙에서 흑인들을 노예로 사들여 그들의 노동력을 생산에 끌어들였다. 처음에는 유럽에서 아메리카로 이주해온 백인들이 직접 농사를 지었지만 생산량이 늘고 욕심이 커지면서 대량 생산을 위해 흑인들을 노예로 끌어들인 것이다.

아프리카에서 아메리카로 노예들을 실어나를 때는 노예무역선을 이용하였다. 팔려가는 흑인들은 마치 짐짝처럼 배 밑바닥에 가지런히 정렬되어 쇠사슬에 묶인 채로 차곡차곡 누워 있어야만 했다. 풍력을 이용한 배로 수천 킬로미터를 항해하는 데는 몇 개월의 시간이 소요되었다. 이동하는 수개월 동안 흑인 노예들에게는 죽지 않을 만큼의 아주 적은 음식이 제공되었을 뿐이다. 비위생적인 환경 속에서 배 안에는 각종 질병이 발생하기도 했다. 몇 달씩 음식을 거의 먹지 못하면서 긴 항해를 해야 했으니 그들의 건강이 온전할 리 없었다. 이런저런 이유로 아프리카 대륙을 출발해 최종 목적지인 아메리카에 도착할 때 노예들의 생존율은 30%밖에 되지 않았다고 한다.

어렵게 아메리카에 도착한 후 농장에 팔려간 흑인 노예들은 병들어 죽는 일이 많았고, 고된 일을 하면서 제대로 인간 대접을 받지 못했다. 그래서 자살을 하거나 탈출을 하는 흑인 노예도 많았다고 한다. 노예들은 헐값에 이 농장 저 농장으로 팔려 다녔다. 노예가 자식을 낳으면 그 자식 또한 노예가 되었다. 대륙을 넘어 팔려간 노예의 숫자는 대략 1,000만~1,500만 명으로 추산된다. 훗날 노예들의 생산성이 떨어지자 백인들은 이들을 노예 신분에서 풀어주고 일이 있을 때만 불러서 품삯을 주고 일을 시켰다. 그러다가 1900년 노예 매매를 금지하는 법 조항이 생겼다. 노예해방이 이루어진 것이다.

현대사회에는 노예제도가 없지만 일하는 구조가 과거 노예제도와 비슷하다. 내가 아무리 일을 잘해도 일정한 품삯만 받고 일하는 회사원은 과거의 노예와 크게 다르지 않다. 우리는 어릴 적부터 치열한 입시경쟁을 치르면서 제대로 꿈 한 번 펼쳐보지 못하고 청소년기를 보낸다. 이름이 있는 대학을 나와 대기업에 취직해서 남들보다 많은 급여를 받으며 살면 그것이 행복이라고 생각한다. 하지만 이러한 현상을 곰곰이 되짚어보면 "열심히 공부해서 엘리트 노예가 되라"는 것과 무엇이 다르단 말인가? 누군가에게 종속되어 노동자가 되는 순간부터 아무리 열심히 일을 해도 내 일이 아닌 남의 일을 하는 것이 된다. 내가 일구는 나의 논밭이 아니기에 남의 배만 불려주는 꼴이 된다. 내 밭에서 내 농작물을 키우고 수확해보지 않은 사람은 그 의미와 재미를 알지 못한다. 평생 남이 시키는 일만 한 사람은 진정한 자유를 알지 못한다.

그러니 항상 본인의 밭을 만들 준비를 해야 한다. 본인의 밭을 일구는 일에는 여러 가지가 있지만 그 가운데 부동산 경매 공부를 통해 돈이 돈을 만들 수 있는 구조를 만들라고 권하고 싶다. 부동산 경매는 합법적인 재테크 수단이면서 창업이라는 거창한 과정을 거치지 않고 비교적 높은 수익을 올릴 수 있는 장점을 갖고 있다. 경매에 대해 잘 알지 못하는 이들은 경매가 누군가 피땀 흘려 장만한 부동산을 단숨에 헐값으로 인수하는 돈벌이라고 생각하는 경우도 있다. 하지만 정반대로 생각해야 한다. 감당하지 못할 채무에 시달리고 있는 이들에게 하루속히 채무를 청산할 수 있는 길을 열어주는 일이기 때문이다. 경매를 통해 채무를 청산하면 새롭게 출발할 수 있는 길이 열린다. 채무에 시달리는 이들에게 희망을 안겨 주는 것이 바로 경매다.

사람이 태어나 50세까지는 자신의 몸을 사용하면서 살지만 50세부터 100세까지는 50년간 사용했던 몸을 수리하면서 산다고 한다. 그러니 내가 내 몸을 자유롭게 움직일 수 있는 시기에 나머지 인생을 편하게 살 수 있도록 안정적 수익 구조를 만들어 놓아야 한다. 나이 50세가 되기 전에 본인이 직접 노동을 하지 않고도 안정적으로 돈이 들어오는 구조를 만들지 못하면 평생 아픈 몸을 가지고 노동을 하며 살아야 한다. 인생을 체험하고 사회에 적응하는 시간은 50년이면 충분하다. 이후에도 계속 노동에 매달려 살면 인생은 불행해진다. 50세 이전에 남은 삶을 편하게 안정적으로 살 수 있는 구조를 만들어야 한다. 그 구조를 만들어 놓은 사람과 그렇지 못한 사람의 차이는 인생 후반부로 갈수록 참으로 커질 수밖에 없다.

경매는 생각처럼 그리 어렵지도 않고 복잡하지도 않다. 기본 지식을 익히고 그걸 바탕으로 소액 투자부터 시작해서 실전감각을 익히면 누구라도 성공할 수 있는 재테크 방법이다. 다른 어떤 사업보다 수익률이 좋고 실패할 확률도 적다. 경매를 알고 재테크 수단으로 활용해본 사람은 경매에 대해 관심이 없고 알려고 하지도 않는 사람을 이해하지 못한다. 가장 안정적이면서 합법적이고 수익률이 높은 투자방법이 경매라는 것을 너무 잘 알기 때문이다. 처음부터 경매에 대해 알고 태어난 사람은 없다. 누구나 초보단계부터 시작해 배워나가는 것이다. 실전보다 뛰어난 가르침은 없다. 일단 뛰어들면 왜 진작 경매를 시작하지 않았는지 후회하는 사람이 대부분이다. 시작은 바로 지금 하는 것이다.

차례

PART 02 부동산 경매, 생각보다 어렵지 않다

PART 03 이제는 실전, 직접 발품을 팔아라

PART 04 법과 제도, 기본만 알면 쉽다

PART 05 마지막까지 꼼꼼하게 챙겨라

PART 01

수익 올리는 부동산 경매, 지금 시작하자

일을 하지 않아도 돈이 들어오는 구조를 만들어라

대개는 학교에 다니는 동안 부모님이나 사회 선배들로부터 "좋은 회사에 들어가서 시키는 일 잘 처리하여 안정된 생활을 유지해라. 그래야 노후에 편하게 살 수 있다"는 말을 귀가 따갑게 들었다. 그렇게 교육을 받고 살았다. 그래서 다수는 그것이 진리라고 생각하고 있다.

하지만 한번 깊이 생각해보자. 자본주의 세상에서 한 기업에서 정년까지 근무를 하려면 상위 1% 안에 들어야 한다. 즉, 100명이 입사하면 99명은 정년을 보장받지 못하는 것이 현실이다. 회사 내에서 치열한 경쟁을 치르며 버텨야 한다. 자본주의 세상에서 회사는 직원 개개인의 미래를 책임지지 않는다. 개인의 미래는 온전히 개인이 감당해야 할 몫이다. 미래에 대한 뚜렷한 계획 없이 무조건적으로 조직에

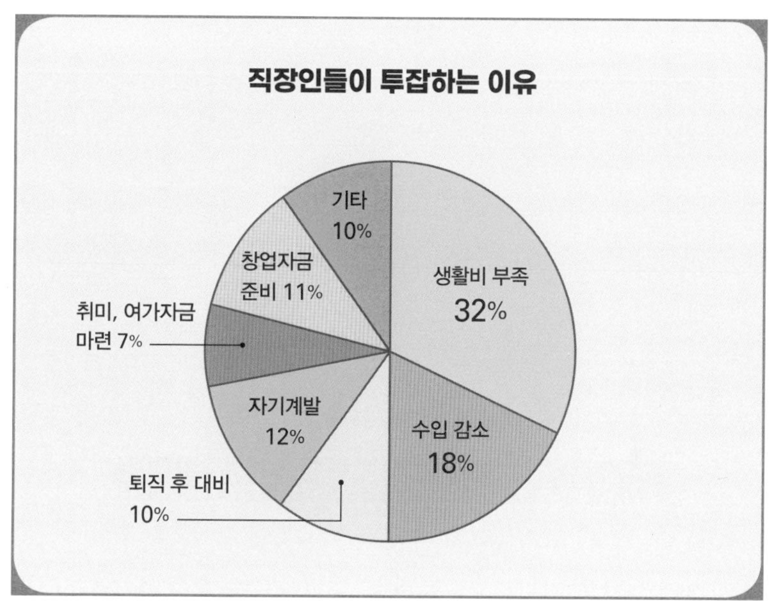

자료: 인크루트

충성만 하면 모든 일이 해결될 것이라고 믿는 사람들이 있다. 당신도 그렇다면 그 어리석음에서 하루속히 헤어나길 바란다.

회사에 재직하는 동안에는 나의 필요에 의해 회사를 다니는 것이 아니라 회사가 나를 필요로 하게 만드는 과정이 필요하다. 이렇게 살아남아서 정년 이후에 매달 연금으로 200만 원 내지 300만 원 받는 구조를 만들면 모든 노후 대비가 끝났다고 생각하기도 한다. 과연 이렇게 연금을 받게 되면 행복한가를 따져볼 필요가 있다. 행복하게 안정적인 노후를 살아가기를 원한다면 연금으로는 부족하다. 생활은 될 수 있을지 몰라도 절대 풍족할 수 없는 금액이다.

그럼에도 불구하고 월급과 연금에 목을 매고 살아가는 유형이 절대 다수를 차지하는 이유는 뭘까? 어려서부터 재테크, 부동산, 금융 상식 등을 배우지 못했기 때문이다. 누구도 가르쳐주지 않으니 배울 생각조차 하지 않고 살았다. 지금이라도 매월 들어오는 급여나 연금을 제외하고도 풍요로운 삶을 보장할 안정적인 수익을 만들어줄 장치를 만들어야 한다.

부동산 경매의 진입장벽은 생각보다 낮다

이러한 상황을 인지하고도 아무런 노력을 하지 않고 도피만 한다면 죽을 때까지 노동을 하며 살아야 할 것이다. 그 상황을 탈피하려면 가장 먼저 재테크 수단인 부동산 경매를 통해 수익을 만들어야 한다고 말해주고 싶다. 부동산 경매는 처음 접하는 사람들에게는 어려운 단어로 도배되어 있고 딱딱한 법적 용어들로 가득하기 때문에 진입장벽이 높다는 생각을 하곤 한다. 하지만 이 생각부터 바꿔야 한다. 간단하게 1분 권리분석만 할 줄 알아도 문제없는 물건을 시세보다 싸게 손에 넣을 수 있다. 확보한 물건을 급매로 되팔아 적지 않은 수익을 챙길 수도 있다. 또는 임대수익을 도모해서 매월 급여나 연금 이외에 안정적인 부동산 수익을 발생시킬 수 있다. 직장을 다니면서 1년에 몇 건 정도만 실행해도 고수익을 충분히 만들 수 있다. 그런 행운은 남에게만 일어나는 일이고 나의 일이 아니라고 여겼던 부정적인 태도부터 바꿔야 한다.

경매에 대한 몇 가지 노하우를 소개하겠다. 경매에 대해 이야기하면 대개의 직장인들은 "평일에는 회사에만 있어야 하는데 입찰하러 법원에 갈 수 있을까요?"라는 질문을 먼저 한다. 일단 이에 대한 답변부터 하자면 법원 입찰의 경우, 본인이 직접 가지 않아도 가족, 친인척, 법무사, 경매 법원에 대출 중개하는 이들을 통해 대리 입찰을 할 수 있다. 또한 경매대리 입찰만 전문으로 하는 업체도 많아 이들을 활용하면 충분히 입찰 기회를 만들 수 있다. 경매 경험이 없는 이들은 본인이 직접 경매현장을 방문해야 모든 절차가 진행되는 것으로 생각하고 있지만 사실은 그렇지 않다. 대리인을 통해 얼마든지 법적 절차를 진행할 수 있다. 그렇게 해도 아무런 문제가 되지 않는다.

물론 대리인을 통해 부동산 경매를 진행해도 원하는 물건을 낙찰받을 수 있다. 문제되는 부분을 알아보고 해결하려 하지 않고 처음부터 안 된다고 단정 지으니 아무것도 할 수 없는 것이다. 내 경우도 다섯 번에 세 번 이상은 대리 입찰을 통해 경매에 참여한다. 적극적인 회사원이라면 연차, 월차 등을 활용하여 입찰에 참여할 수도 있다. "회사 때문에 나는 못 한다"고 단정 짓지 말고 자신이 활용할 수 있는 것이 무엇인지를 먼저 생각하고 실천에 옮기기를 바란다. 아무것도 안 하고 가만히 있는데 나에게 수익을 안겨 주는 상황은 절대 발생하지 않는다. 생각하고 움직이고 실천할 때만 수익을 발생시킬 수 있다. 더불어 안정적 노후도 내가 부지런히 생각하고 실천할 때만 보장받을 수 있다. 이 점을 반드시 명심해야 한다.

올인하기보다는 퇴근 후 시간을 잘 활용하라

부동산 경매 입찰을 위해서는 해당 물건에 대한 시세조사를 해야 하는 것은 물론이고 물건지를 직접 방문하는 임장 활동이 필수다. 이에 대해서도 "시간이 없는데 가능할까요?"라며 문제를 제기하는 이들이 많다. 가장 먼저 시행해야 할 부동산 시세조사는 각종 온라인 시스템을 이용하면 해결할 수 있다. 대출의 기준이 되는 KB부동산 시세를 비롯해 국토부의 실거래가 사이트, 네이버 부동산 시세 등을 이용하면 된다. 온라인을 통하면 신속하고 정확하게 내가 관심이 있는 물건에 대한 가격 정보를 파악할 수 있다. 직접 발품을 팔아야 하는 오프라인 부동산 시세 조사를 제외하고 대부분의 시세조사는 앱이나 인터넷 사이트 등을 통해 간단하게 할 수 있다. 또한 오프라인 부동산 가격조사도 해당 물건지 부근에 있는 부동산 중개업소에 전화를 걸어 매도자 또는 매수자 입장에서의 확인이 충분히 가능하다. 또한 가격 외에도 수요와 공급, 평균시세 및 호재 등을 확인할 수 있다. 좀 더 자세히 알고 싶은 부분이 있다면, 퇴근 후 저녁 시간에 부동산 중개업소를 방문하여 충분한 상담을 받아볼 수도 있다. 사전에 전화로 예약을 해두면 퇴근시간 이후에도 상담이 가능하다.

하지만 온라인 시스템을 활용하여 충분히 검토했다고 해도 임장을 대신할 수는 없다. 부동산에서 말하는 임장이란 "현장에 직접 나와서 실제로 해당 물건을 본다"라는 뜻이다. 요즘은 인터넷 로드뷰 기능이 잘 되어 있어서 클릭 몇 번만으로 생생한 현장사진, 주요시

대장TV 오프라인 강의 모습

설, 교통거리, 단지배치 및 동간거리 등 원하는 정보를 찾아볼 수 있다. 하지만 현장을 직접 방문하는 것과 비교할 수는 없다. 현장 방문보다 좋은 것은 없다. 부동산 관련 정보에는 직접 현장에 가야만 알 수 있는 내용이 있기 마련이다. 경매 입찰 물건에 방문하여 내부를 확인하고 주변 이웃들을 만나 해당물건에 하자나 불만사항이 있는지 확인하면 고급정보를 보다 많이 접할 수 있다. 한 사람이라도 더 만나 정보를 수집하면 그만큼 정보의 질은 높아진다. 그리고 많은 정보를 확보할수록 실수할 확률은 줄어든다.

하지만 임장활동을 아무리 강조해도 내 생각 같지 않은 일들이 발생하게 된다. 해당 부동산을 방문하여 거주자를 만나보고, 내부를 확인하고 싶어도 문을 열어주지 않는 경우가 의외로 많다. 주변 이웃 또한 만나기 어려운 경우가 있다. 따라서 임장을 하려면 하기 전에 미리 정해놓은 동선 및 계획표대로 움직일 수 있도록 철저하게 조사 및 준비를 해야 한다. 계획을 세우지 않고 그냥 무작정 방문하면 인터넷 로드뷰를 통해 알아본 내용만 보고 돌아오기 일쑤다. 그러니 우선적으로 인터넷을 통해 충분한 정보를 습득한 후 현장을 방문해야 한다. 무엇을 알아볼 것인지 철저히 계획을 세우고 현장에 나서면 그만큼 효율적으로 일 처리를 할 수 있다. 계획을 세웠다면 퇴근 이후 혹은 주말과 휴일 시간을 이용해 방문하면 된다.

필자가 시행하고 있는 실전 경매 투자반 멘티 중 90%는 본업을 갖고 있으면서 재테크의 일환으로 경매에 참여하고 있다. 이들은 매월 들어오는 월급 이외에 안정적인 재테크 수익으로 제2의 월급을 만들겠다는 확실한 목표의식을 가지고 교육에 참여한다. 굳이 본업을 접고 경매에만 몰두하여 수익을 올리겠다는 생각을 할 필요는 없다. 경매는 부업으로도 충분히 가능하다. 전적으로 매달리지 않고, 부업 형태로 참여할 수 있다는 것이 경매의 가장 큰 장점이다. 누구나 시간은 부족하다. 부족한 시간을 잘 활용해서 새로운 도전을 하는 것은 자신의 몫이다. 이런저런 문제가 있어서 못 하겠다고 하지 말고, 문제를 어떻게 하면 해결할 수 있는지를 먼저 고민해야 한다. 그래야 수익을 올릴 수 있고 안정적 노후를 보장받을 수 있다. 자신의 문제를 해결하려고 도전하는 사람만이 목표를 이루고 인생을 바꿀 수 있다.

부동산 경매는 왜 돈이 되는가?

고령화 시대를 넘어 고령 시대에 진입하고 있다. 이는 평균수명이 점점 길어지고 있다는 것을 의미한다. 여생이 길어진다는 것은 그만큼 철저한 노후 대비를 해야 한다는 경고다. 노년기를 편하고 행복하게 보내려면 대책이 필요하다. 일정한 연금수익 정도를 준비해놓았다고 안심하고 있다면 그것으로는 부족하다. 다양한 안정적인 고수익 재테크 방법이 필요하다.

가장 중요한 것은 매월 들어오는 월급이나 연금 이외에 추가 수익이 나올 수 있는 루트를 개발하는 것이다. 많은 사람들이 부동산 경매에 대해 관심을 갖고 있다. 하지만 선불리 끼어들지 못한다. 관심은 있지만 쉽게 끼어들지 못하는 것은 왠지 모르게 어렵게 느껴지기

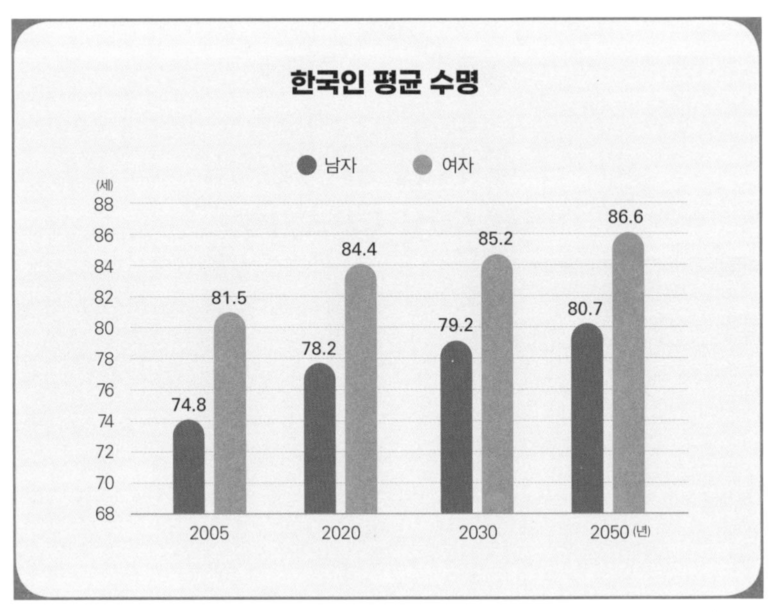

자료 : UN

때문이다. 용어도 낯설고 법적인 문제가 복잡하다고 느껴진다. 초기 자본이 많이 필요하다고 생각할 수도 있다. 사실 알고 보면 그렇지도 않다.

실속 있게 소액으로 시작하라

물론 자본금이 충분하다면 일반 부동산을 사서 임대수익을 올리거나 매매수익으로 재산을 증식할 수 있다. 하지만 단순한 매매거래

사진	물건기본내역	감정가/최저가(원)	매각기일	상태	조회
	수원2계 ○○○○-○○○○○ [임야]경기도 화성시 장안면 독정리 토지 19,278㎡(5831.57평) [토지만 매각]	1,561,518,000 1,561,518,000 **1,622,270,000**	2022-09-23 (00:00) 입찰당일	매각 (100%) **(104%)**	55
	수원2계 ○○○○-○○○○○ [오피스텔]경기도 수원시 장안구 파장동 건물 82,9621㎡(25.1평) 토지 23.1475㎡(7평) [대항력 있는 임차인, 선순위임차권]	255,000,000 178,500,000 **216,100,000**	2022-09-23 (00:00) 입찰당일	매각 (70%) **(85%)**	223
	수원2계 ○○○○-○○○○(1) [농지]경기도 화성시 장안면 사곡리 토지 724㎡(219.01평)	120,184,000 120,184,000	2022-09-23 (10:30) 입찰당일	변경 (100%)	96
	수원2계 ○○○○-○○○○(2) [임야]경기도 화성시 장안면 사곡리 토지 2195㎡(663.98평) [토지만 매각]	452,170,000 452,170,000	2022-09-23 (10:30) 입찰당일	변경 (100%)	54
	수원2계 ○○○○-○○○○(3) [임야]경기도 화성시 장안면 사곡리 토지 846㎡(255.91평)	140,436,000 140,436,000	2022-09-23 (10:30) 입찰당일	변경 (100%)	53

대장옥션 물건분석 자료

로 이익을 남기는 것도 만만치는 않다. 매입한 부동산 가격이 오를 때까지 오랜 시간에 걸쳐 자금의 압박을 당하지 않고 버틸 수 있는 금전적인 여유가 있어야 한다. 취득세와 등록세, 양도소득세 등의 세금문제와 제반 비용 투입을 감안하면 실속 없는 투자가 될 가능성도 있다. 최악의 경우 부동산 가격이 하락하여 이익을 보기는커녕 손해를 볼 수도 있다. 적지 않은 투자금을 준비해야 한다는 점도 부동산 일반거래에 쉽게 뛰어들 수 없는 이유가 된다.

하지만 부동산 경매는 소액으로도 가능하다는 장점이 있다. 그래서 제대로 알고 실천만 하면 짧은 기간에 돈을 벌 수 있다. 부동산 경매란 "채무를 이행하지 않는 이전 주인의 소유물을 법적으로 강제집행해서 다른 주인을 찾게 만드는 과정"이라고 보면 된다. 즉, 채무자가 채무를 변제하지 못한 경우라 해도 채권자가 담보로 잡은 부동산을 소유할 수는 없다. 하지만 이 물건을 법원이 현물로 변경하여 각 채권자들에게 나눠줄 수 있다.

이것이 경매다. 경매에 대해 잘 알면 부동산 경매가 왜 돈이 될 수밖에 없는지를 이해할 수 있게 된다. 경매는 채무자가 회생할 수 있는 기회가 되고 투자자들에게는 적은 금액으로 큰 수익을 얻을 수 있는 기회가 된다.

수익이 날 수밖에 없는 기본 과정을 이해하라

경매가 왜 돈이 될 수밖에 없는지를 설명하고, 경매를 통해 수익을 올리기 위해서 어떤 과정과 절차를 밟아야 하는지 핵심을 전달하고자 한다. 경매물건은 법원마다 차이가 있지만 통상 6개월 전에 감정평가사들이 현장에 나가 물건의 현황을 조사한다. 그러니 경매입찰을 시행하는 시점과 6개월이라는 시차가 발생하는 것이 당연하다. 6개월이라는 결코 짧지 않은 시차가 발생하기 때문에 그 사이에 부동산 가격에 적지 않는 변화가 생길 수 있다. 이 점을 늘 염두에 두어야 한다. 투자에 있어 6개월은 결코 무시할 수 없는 시차다. 6개월 안에 생각지 못한 일이 벌어질 수 있고, 그 변화가 투자환경에 엄청난 차이를 가져올 수도 있다. 투자할 때는 감정평가를 통해 공시된 가격이 6개월 전 가격이라는 사실을 반드시 염두에 두어야 한다.

예를 들어, 6개월 전 경매 나온 물건 A아파트가 있다고 가정해보자. 이 아파트는 별다른 호재가 없는 물건이었지만 6개월 뒤 경매 입찰에 나왔을 때 GTX나 KTX 역사가 주변에 들어서거나 신도시 개발예정지역으로 확정·발표될 수도 있다. 교통편의성이 확대되거나 해당 학군 내 중학교가 국제학교 및 특목고 진학률이 높은 학교로 선정되는 일이 생기면 이 또한 가격에 큰 변수로 작용한다. 이 밖에 LG 및 삼성 등 대기업 생산라인이 인근으로 이전되어 지역에 일자리 창출 기회가 발생한다면 이 또한 가격 상승 요인으로 작용한다. A아파트의 감정 당시에는 아무런 호재가 없어서 3억 원으로 감정평가가 됐지만 그로부터 6개월 뒤에는 각종 호재가 붙어 6억 원 이상의 시세가 형성되는 사례가 의외로 많이 나오고 있다. 이런 물건들은 유찰되지 않는 상태에서 입찰에 들어가 시세 차익만 노려도 충분히 수익을 낼 수 있다.

요약하면 물건이 경매입찰 과정까지 나오는 데 통상 6개월이라는 시간이 소요되니, 6개월 전과 후를 분석하여 현재 나온 부동산이 시세보다 저렴하다면 즉시 입찰을 통해 시세 차익을 도모할 수 있다. 현재 나온 경매물건이 현재 시세와 동일하거나 비싸다면 최소 1회에서 3회까지 유찰될 때까지 기다렸다가 세일된 가격으로 부동산을 구매하여 시세 차익을 만들면 된다. 6개월의 시차를 두고 경매가 진행된다는 것은 투자자 입장에서 잘 활용하면 상상을 초월하는 수익을 올릴 수 있는 기회가 된다. 경매가 6개월의 시차를 두고 진행된다는 점은 경매 경험자들에게는 상식이지만 경험이 없는 이들에게는 새로운 정보이기도 하다. 부동산 가격은 특별한 요인이 없는 한 지속적으로 상승하므로 6개월의 시차는 적지 않은 호재가 된다.

교통, 학군, 일자리…
호재를 잘 활용하라

호재의 사유는 크게 교통수단의 편의성, 학군과 학원, 자연과 가까운 생활 편의성, 일자리 창출 등으로 구분할 수 있다. 그런 호재들을 확인하고 인근 부동산 시세조사를 통해 수익형 물건을 파악한 후 공격적으로 입찰에 참여하면 수익을 만들 수 있다. 법원경매시스템 중에 이런 부분이 큰 오류라 할 수 있다. 감정평가 당시에는 해당 호재가 없었지만 6개월 뒤 경매에 나올 때는 이런 호재들이 생겨나서 부동산 가격이 올라도 시세 반영이 되지 않는다. 6개월 전 감정평가한 가격 그대로 경매에 나온다. 이런 법원경매시스템의 치명적인 단점을 활용하여 투자자들은 적극적으로 로또 경매를 진행해야 한다.

6개월 전 감정평가사가 조사한 경매물건 감정가와 현재 부동산 가

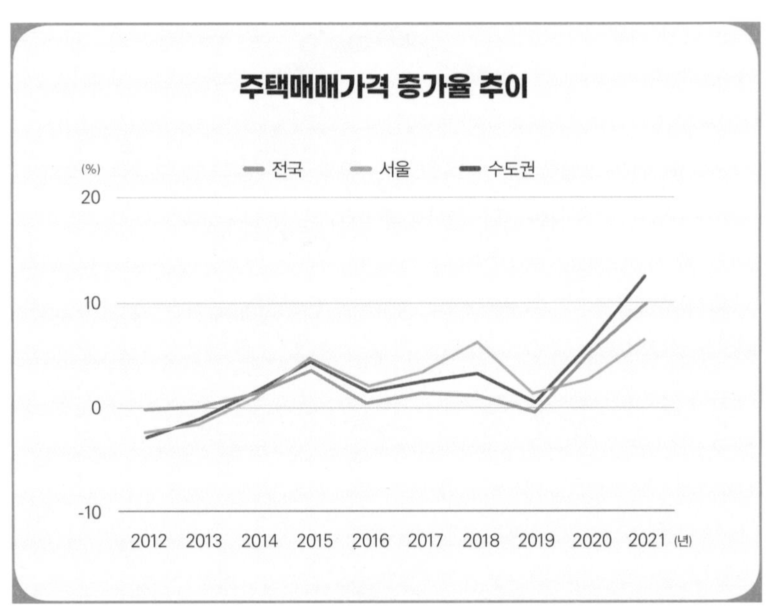

자료 : 한국부동산원, 〈전국주택가격동향조사〉

격이 동일하다면 해당 물건이 1회에서 2회 정도 유찰된 후 가격이 할인될 때까지 기다리면 된다. 그리고 입찰에 참여하여 시세 차익을 만들어라. 부동산 경매의 큰 장점은 현재 부동산 시세보다 20~50% 이상 부동산을 싸게 구매할 수 있다는 점이다. 반대로 물건이 비싸면 투자자들이 구매에 나서지 않는다. 지속적으로 경매물건에 입찰자가 없으면 법원은 해당 물건을 세일하여 투자자들의 구매욕을 높이는 작업을 한다. 경매가 한번 유찰

일괄매각

법원이 경매할 때 여러 개의 부동산 위치, 형태, 이용관계 등을 고려하여 직권으로 또는 이해관계인의 신청에 따라 일괄적으로 매각하도록 결정하는 것을 말한다. 근거법은 민사집행법이다.

될 때마다 부동산 물건의 가격은 대폭 할인된다. 할인 폭이 커질수록 투자자들의 구매욕은 상승한다. 유찰 과정 없이 첫 경매 때 낙찰되는 물건은 거의 없다. 한두 차례 유찰된 후에 시세에 비해 대폭 할인된 가격이 형성되면 입찰경쟁은 치열해진다.

예를 들어, 서울에 2억 원으로 감정평가를 받은 빌라가 있다면 1회 유찰 시 20% 할인된 1억 6,000만 원으로 가격이 매겨진다. 여기서 다시 입찰을 진행하여 또다시 입찰자가 없으면 2회 20% 할인된 1억 2,800만 원으로 가격을 조정한다. 특히 수도권은 할인이 30%부터 시작되니 무조건 수익이 나오는 구조가 만들어진다. 낙찰자가 없다면 경매 가격은 지속적으로 내려가게 되며, 유찰이 많을수록 최저 매각 가격은 계속 낮아진다. 투자자들의 계산법은 크게 다르지 않다. 따라서 적절한 회차에 적절한 가격을 제시할 줄 아는 것이 경매의 기본이다. 경매를 낙찰받아 부동산을 구입하는 가격이 시세보다 월등히 저렴한 것은 당연하다. 경매를 통해 부동산을 낙찰받아 본 사람이라면 시세대로 값을 치르고 부동산을 구입하는 것이 손해라는 생각을 갖게 된다.

아파트 및 빌라의 경우 시세가를 확인하는 루트가 간편하기 때문에, 시세보다 20~40% 정도 저렴하다는 것이 확인되면 경매 투자자들은 구매를 하게 된다. 예를 들어, 2억 원 아파트의 경우 1억 6,000만 원 정도에 경매로 나왔다면 구매하기로 결정하는 것이다. 단, 아파트 및

특별매각조건

법원이 압류한 부동산을 경매로 처분할 때 필요하다고 인정하여 추가하는 매각 조건이다. 부동산 경매에서 입찰보증금은 보통 최저가의 10%지만, 어떤 사정으로 보증금을 미납하는 경우 다음 차수에서는 최저가의 20%로 정한다.

빌라보다 시세분석이 어려운 토지 및 공장 같은 경우는 경매를 통해 30~50% 이상 저렴하게 구매할 수도 있다.

부동산 가격이 지속적으로 상승하고 있는 대한민국에서 내 집 마련의 꿈을 실현한다는 것은 결코 쉽지 않다. 착실히 돈을 모아 집을 사겠다고 생각한다면 평생 집을 장만하지 못할 수 있다. 지금 대한민국의 집값은 월급을 모아 살 수 있는 가격대가 아니다. 그러니 경매라는 방법을 통해 내 집 마련을 하는 방법을 염두에 둘 필요가 있다.

부동산 경매는 부동산 일반매매보다 무조건 안전하다. 일반매매의 경우는 부동산중개업자를 통해 거래하는 경우가 많다. 따라서 신분증 위조, 등기부등본 권리분석 오류, 중복계약 등 리스크가 발생할 여지가 있는 것이다. 하지만 부동산 경매는 나라가 정해둔 법 안에서 규칙을 지키기만 하면 국가에서 보증하고 실행하기 때문에 법적 논쟁이 일어날 일 없고 전부 보호받을 수 있다. 또한 일반적인 부동산을 구매할 때는 부동산 투기 규제로 부동산 가격의 40% 안에서 담보대출이 가능하지만 경매의 경우는 담보대출이 70~90%까지 가능하다. 부동산 시장이 과열되고 부동산 정책이 쏟아져 나와도 부동산 경매로 취득한 물건은 정책에 크게 영향을 받지 않는다. 부동산 경매는 알면 알수록 매력 있는 재테크 수단이라고 보면 된다.

돈이 부족해도 부동산 경매가 가능할까?

대개의 사람들은 최소 3,000만 원은 있어야 수익률 좋은 부동산을 구입할 수 있다고 생각한다. 혹은 1억 원은 있어야 할 것이라고 생각한다. 실제로 그런 질문을 많이 받는다. "저는 지금 모은 돈이 500만 원 밖에 없는데 할 수 있을까요?", "돈을 모을 수는 있지만 오랜 시간이 소요되고, 저 또한 지칠까 봐 두려운 마음이 앞섭니다"라고 이야기하기도 한다. 경매에 참여할 때 3,000만 원 정도는 있어야 한다는 말은 틀린 말이 아니다. 하지만 그보다 적은 돈으로 경매에 참여하여 수익을 올린 경우는 얼마든지 있다. 부동산 경매에서는 두 가지 변수만 조심하면 된다. 권리분석의 실수로 추가 투자비용이 발생되는 경우는 배제하겠다. 제대로 알고 경매 투자를 한다면 절대 큰 투자금이 필요하지 않다.

두 가지 변수 중 첫째는 훼손이 심한 부동산을 낙찰받은 경우다. 낙찰받은 집에 들어가 보니, 천장에 누수가 발생되고 있고 바닥은 보일러가 터져 엉망이라고 가정해보자. 수리해야 할 부분이 어딘지 찾기도 쉽지 않을 뿐더러 수리를 하자면 비용도 만만치 않게 소요될 것이다. 이 경우 수리비는 낙찰자 부담이 되는 것이다. 둘째는 낙찰받은 물건을 가지고 임대를 하려고 하는데 임차인을 속히 구하지 못하거나, 단기매도를 하려고 하는데 매수인이 나타나지 않아 계약이 성사되지 않는 경우다. 이 또한 낭패가 될 수 있다. 관리비 및 경락잔금대출의 이자를 낙찰자가 부담해야 하기 때문이다. 이런 변수에 대비하여 어느 정도의 자본금을 가지고 경매를 해야 하는 것이 사실이다. 하지만 다음과 같이 변수를 모두 제거하여 제로로 만들 수 있는 방법이 있다.

경락잔금대출

법원 경매나 공매로 낙찰받은 부동산에 대해 부족한 잔금을 대출해주는 제도

공매

국가가 주체로 실시하는 경매를 말한다. 공매에는 두 종류가 있다. 하나는 민사상의 강제집행으로 그 목적물을 환가처분하는 방법인데 전형적인 것이 경매이며, 다른 하나는 국세체납처분절차의 최종단계로서 압류재산을 강제적으로 환기처분하는 것이다.

철저한 사전 조사로 리스크를 최소화하라

경매 낙찰받은 부동산의 치명적인 하자를 없애려면 철저한 임장활동이 중요하다. 임장활동을 통해 세입자 및 채무자를 직접 만나 최

우선변제금액, 법적인 자문, 명도 비용, 배당순서 등을 간략하게 전달할 필요가 있다. 이때 법적 절차만 앞세우기보다는 당사자들의 고충을 들어주며 같이 상생할 수 있는 방법을 마련하려는 모습을 보이는 것이 중요하다. 그러면서 마지막에 자신이 원하는 바를 이야기하면 대부분의 세입자나 채무자가 집의 하자나, 거주할 때 불편한 점, 주변 환경에 대한 평가까지 조목조목 이야기해준다. 그들에게 듣는 정보는 투자에 큰 도움이 된다. 이렇게 상대를 내 편으로 만들어 그로부터 원하는 정보를 얻어내는 방법을 '예스의 법칙'이라고 한다.

협상을 할 때는 처음부터 내가 원하는 바를 이야기하지 말고 상대방이 원하는 것과 궁금증을 우선 해결해주고 나서 내가 원하는 바를 제시해야 한다. 상대가 원하는 바를 내가 수용해주면 상대도 나의 조건에 응하게 된다. 투자자가 낙찰받은 부동산의 하자나 주변 환경에 대한 평가를 숙지하여 낙찰 후 생겨날 리스크를 제로로 만드는 것이 중요하다. 나의 경우 임장활동을 할 때 세입자가 음료수까지 접대하면서 집안 내부 구석구석을 보여준 사례가 많이 있다. 내가 만약 저 상황이라면 무엇이 고민일까를 생각하고 그에 대해 위로하고 이해하는 말을 먼저 건네고 최대한 해결할 수 있는 방법까지 알려주기 때문이다.

먼저 호의적으로 위로하면 상대도 호의적인 반응을 보일 수밖에 없다. 대화를 시도조차 하지 못하는 경우도 있는데 나 역시 임장을 위해 해당 부동산을 방문했을 때 세입자나 채무자가 문을 열어주지 않아서 곤란했던 적이 있다. 대화를 시도하려 해도 상대가 대면하지 않으려 한다면 난감한 상황을 맞게 된다. 이 경우에도 차분히 상대를 잘 설득해 대화를 유도해야 한다. 이런 상황이 무서워서 시도조차 하지 않는 것이 더 무서운 것이다.

사전에 낙찰받을 물건에 대한 치명적인 단점을 파악하면 낙찰 후 리스크는 제로가 된다. 리스크를 줄이면 줄일수록 입찰가는 더욱 안전해질 수밖에 없다. 낙찰 후 부동산의 단타 매도가 안 되거나 세입자를 제때 못 구해 공실에 대한 관리비를 투자자가 부담하거나 경락잔금대출 이자에 대한 지출로 인해 투자수익률이 떨어지는 형태도 종종 발생한다. 장기간 임대나 매도가 안 될 때는 다음과 같이 대략 세 가지 문제가 존재한다.

터무니없이 매도가액이 높은 경우를 피하라

우선은 현재의 주변 부동산 시세와 비교해 터무니없게 비싸거나 매도가액이 높은 경우다. 준공연도가 비슷하고 층수가 같으며 평형도 같은데 내 물건의 월세비용이 상대적으로 높다면 매매가 성사되지 않고 임대가 불발되는 것은 당연하다.

실제로 "장기간 임대 및 매도가 안 돼요. 어떻게 하죠?"라는 질문을 참 많이 받았다. 이 경우 문의한 물건을 파악해보면 대부분 임대료나 매매가가 주변 부동산 시세보다 높게 측정되어 있는 경우가 많다. 부동산은 누구라도 동일한 조건하에 싼 물건을 선호한다. 비싸면

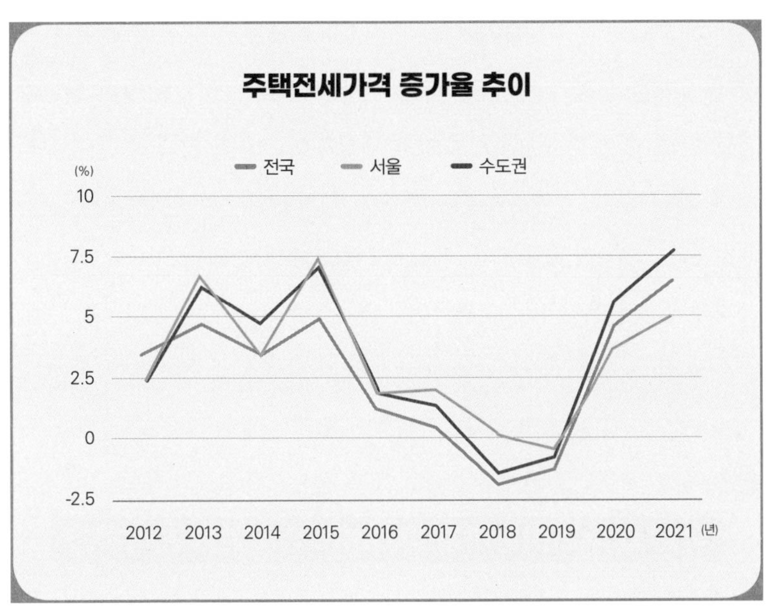

찾는 이가 없는 게 당연하다. 그러니 임대료 및 매매가를 낮춰야 빨리 계약할 수 있다. 이렇게 답변해주면 "여기서 더 낮추면 수익이 안 나와요"라는 말이 나오곤 한다. "그럼 왜 그렇게 높게 입찰가를 써서 낙찰받으셨어요?"라고 물어보면 "하도 패찰이 되기에 욕심이 나서 조금 높게 적었어요"라는 대답이 돌아온다.

이런 현상이 뫼비우스의 띠처럼 끝없이 되돌아온다. "부동산 임대나 매도가 안 돼요", "그러면 시세보다 낮게 내놓으세요", "투자 수익이 안 나와요", "그러면 왜 높게 낙찰받았죠?", "욕심이 앞서서 시세를 잘 파악하지 못하고 낙찰을 받았네요"처럼 비슷한 상황이 무한반

복된다. 리스크를 막기 위해서는 철저한 시세조사를 통해 부동산 시장에서 호감을 받을 수 있는 가격이 제시되어야 한다. 그래야 단타수익도 만들 수 있다. 욕심을 줄이고 객관적이고 현명하게 판단해 투자에 임해야 한다. 주변 시세를 충분히 숙지한 후 무리해서 낙찰가를 제시하는 일이 없도록 해야 한다. 시세를 제대로 파악하지 못해 높은 가격에 낙찰받는 경우, 발생하는 모든 불이익은 오로지 당사자가 책임져야 할 몫이다. 누구도 그 오판의 책임을 대신해주지 않는다.

낙찰 후 수리비용까지 감안하여 입찰가를 선정하라

다른 경우는 "가격은 괜찮은데 막상 상대가 계약을 안 해요"라고 하는 경우다. 이는 인테리어 및 하자보수 수리를 아예 하지 않거나 너무 허술하게 인테리어를 한 경우다. 누가 봐도 들어가기 싫은 집이라 여길 정도로 하자보수를 하지 않았다면 계약으로 연결되지 못한다. 이 경우도 "싱크대가 덜렁거리고, 베란다 페인트가 전부 벗겨졌고, 화장실 거울이 깨져 있어 외관상 보기 좋지 않으니 수리를 하셔야 합니다"라고 충고하면 "수리를 하면 수익이 안 나와요"라고 답한다. 그래서 "그럼 왜 높게 입찰을 받으셨죠?"라고 물으면 "부동산 시세분석 실수와 낙찰에 대한 욕심 때문에 그랬습니다"라고 답한다. 똑같은 도돌이표가 진행되는 것이다. 부동산은 사람이 거주하는 곳이라 최소한의 수리 및 보수 과정이 있어야 한다. 입찰가 선정 시 무조건 수리 비용을 감안해야 투자수익률을 극대화할 수 있다.

최소 20군데 이상의 부동산에 매물을 접수하라

이런 경우도 있다. 낙찰받은 부동산을 임대 또는 매도하려고 부동산 2~3군데에 등록을 해놓고 마냥 기다리기만 하는 사례다. 절대 그러면 안 된다. 최소 20군데 이상의 중개사무실에 매물을 의뢰해야 한다. 뿐만 아니라 네이버 및 다음 카페를 비롯해 직방, 다방 등의 앱을 통해서도 물건을 접수해야 한다. 많이 알리는 만큼 홍보가 널리 돼 그만큼 빨리 매도 및 임차를 성사시킬 수 있다. 부동산 경매도 마케팅이다. 내 매물을 원하는 최대한 많은 사람들에게 정확하고, 빈도 높게 노출시켜 거래 확률을 높여야 한다. 모든 부동산 거래가 그러하지만 특히 경매는 빨리 움직여 단기적인 수익을 만드는 데 집중해야 한다.

또 한 가지 주의해야 할 점은 각종 사이트 및 앱에 매물을 등록할 때는 이미지를 최대한 수정 보완하여 올려야 한다. 수요자는 사진을 보고 해당 부동산을 판단한다. 그러니 사진을 최대한 밝게 찍고 주변을 정리해서 깔끔한 이미지로 보이도록 해야 한다. 또한 오프라인 부동산에 매물을 접수할 때도 부동산중개업소에 지속

종국

경매를 개시하여 배당완료 후 배당이의 등 모든 것이 종결되었다는 뜻이다. 통상 배당이 완료되면 '종국'이라고 표시하고 배당이의 등으로 인하여 미해결된 사안이 있으면 '미종국'이라고 표시한다.

적으로 확인을 하면서 내 물건을 각인시켜야 한다. 많은 부동산 매물이 접수되는 만큼 내 매물이 최대한 많이 소개되도록 해야 한다. 그래야 다양한 임차인 및 매수자가 내가 올린 부동산을 보게 되고 단기간에 투자 수익을 극대화할 수 있다. 거래가 얼마나 신속하게 이루어지는지 여부가 투자의 성패를 좌우한다.

임장활동, 아무리 강조해도 지나치지 않다

경매에 나온 물건에 대해서는 철저한 임장활동을 통해 하자 여부를 정확하게 파악해야 한다. 아울러 단기간에 임차 및 매수인을 만들 수 있도록 준비해야 한다. 그래야 리스크를 제로로 만들 수 있다. 내가 소액투자로 수익을 만들었던 사례를 소개하겠다. 경매 감정가 7,500만 원인 인천시 소재 18평 빌라가 있었다. 30%씩 두 번 유찰된 이 빌라를 3,500만 원에 낙찰받았다.

경락잔금대출을 받은 금액은 3,300만 원이었다. 그러니 순수하게 내 주머니에서 나온 실투자금은 200만 원이었다. 경락잔금대출이 나오는 기준은 감정가의 80% 혹은 낙찰가의 70% 중 저렴한 금액이 된다. 하지만 해당빌라는 낙찰된 금액이 50% 이하라는 반값 경매로

30%씩 두 번 유찰된 빌라 3,500만 원에 낙찰된 사례

구분	입찰기일	최저매각가격	결과
1차	2019.01.10	75,000,000원	유찰
2차	2019.02.14	52,500,000원	유찰
3차	2019.03.22	36,750,000원	유찰
4차	2019.04.25	25,725,000원	-
낙찰: 35,000,000원(약 47%) (입찰 6명, 낙찰: 인천 김상준)			

취득한 상태라 경락잔금대출은 낙찰가의 95%까지 실행되어 3,300만 원이라는 대출이 가능한 것이다. 금융사는 95%까지 대출을 실행해도 원금 회수가 충분하다고 생각하기에 50~80% 사이에만 낙찰을 받을 수 있다면 경락대출 레버리지는 극대화될 수 있다. 반대로 경매물건을 100% 감정가에 80% 이상 넘겨 낙찰받게 되면 감정가의 80%나 낙찰가의 70% 중 저렴한 금액으로 경락잔금대출이 실행된다. 낙찰받은 가격 3,500만 원 중 대출금액 3,300만 원을 빼면 단돈 200만 원이라는 실투자금으로 구매할 수 있었던 거다.

그럼 의문점이 들기 시작한다. "왜 시세가 5,500만 원인 빌라를 3,500만 원이라는 저렴한 가격에 낙찰받을 수 있었던 것인가?" 그 이유는 다양할 수 있다. 우선 해당 빌라의 입찰자들이 시세를 분석하는데 착오가 있었을 가능성이 있다. 또 하나는 이 빌라가 건축된 지 20년 이상이 지나 노후한 데다 주변 환경도 낙후되었기 때문으로 볼 수 있다. 이런 대부분의 이유 때문에 거듭 유찰이 되면서 낙찰가가 크게 하락했을 수도 있다.

대부분의 경매 투자자들이 착각하는 부분이 있다. 바로 경매물건을 볼 때 본인이 들어가서 살 집으로 생각하고 보는 것이다. 그래서 건축연도가 오래되고, 교통에 편의성이 떨어지면 낙찰률이 떨어진다. 하지만 생각해봐라. 매우 간단한 문제다. 투자자들은 시세보다 싸게 사서 일반매물보다 더욱 저렴하게 내놓으면 세입자들은 충분히 모이기 마련이다. 굳이 자신이 살 집처럼 너무 까다롭게 매물 상태나 환경을 따질 필요가 없는 것이다. 경매 낙찰을 받는 이유는 주거에 목적을 두지 않고, 차익을 실현해 재테크를 이루기 위해서다. 이 사실을 명심해야 한다.

이렇게 이야기하면 반대로 이런 질문을 하게 된다. "누가 그런 허름한 집에서 살아요? 임차인도 못 구할 것 같은데…" 이런 생각을 하는 사람이 태반이다. 그럼 나는 이렇게 되묻는다. "그러면 해당 물건과 차이가 없는 주변빌라들은 전부 공실이거나 집주인이 없나요?" 물론 그들은 답변하지 못한다. 내가 낙찰받은 호수만 세입자를 못 구하는 그런 일은 발생하지 않는다. 위층과 아래층을 비롯해 주변이 노후된 빌라임에도 불구하고 그곳에 세입자들이 살고 있다면, 내 물건도 임대를 놓을 수 있다는 이야기다. 싸게 잘 사서 싸게 팔거나 저렴하게 임대를 놓으면 수익을 극대화할 수 있다. 따라서 투자자들은 물건을 볼 때 수익적인 면에서만 검토를 해야 한다. 수익이 된다면 적극적으로 입찰하여 부동산을 구매해야 한다.

나는 시세가 5,500만 원인 집을 2,000만 원 저렴한 3,500만 원에 구매했고, 대출금을 제외한 실제 투자금 200만 원으로 18평 빌라를 구매할 수 있었다. 이렇듯 200만 원이라는 종잣돈으로도 경매가 가능하다. 돈이 많아야 경매에 뛰어들 수 있다는 편견을 깨는 순간 소액으로도 돈을 벌 수 있는 길이 보인다. "안 된다는 말은 무시하라"는 말은 안 되는 것을 무조건 억지 써서 하라는 것이 아니다. 끈기를 가지고 노력하라는 이야기다. 철저한 준비와 과정만 있다면 부동산 경매 투자는 실패하지 않는다. 내가 앞으로 가는 길을 불평꾼들이 막지 못하게 해야 한다. 내일을 꿈꾸지 않으면 내일은 오지 않는다. 철저하게 준비를 하고 귀를 닫고 실행에 옮기는 것이 중요하다.

매월 20만 원의 임대소득을 올린 사례

20평 빌라를 낙찰받은 사례를 소개한다. 감정가 1억 원인 이 빌라는 3회 유찰된 상태였다. 5,500만 원 정도의 입찰가를 작성하고 운이 좋게 낙찰되었다. 낙찰을 받자마자 법원에서 곧바로 낙찰받은 물건지로 향했고 세입자와의 대면을 시도했다. 그러나 방문한 집에는 아무도 없었다. 그래서 내 명함을 출입문에 꽂아두고 왔다. 하루 뒤 거주하는 세입자로부터 연락이 왔다. 세입자 말에 따르면 전 집주인은 연락도 안 되고 있던 차에 내가 방문을 했다는 것이다. 세입자는 경매 진행사항에 대해 추가로 궁금한 사항을 나에게 묻기 시작했다. 배당이 어떻게 되는지 경매낙찰 후 본인이 어떻게 대처해야 하는지 이런저런 부분을 조목조목 물었다. 그도 마침 궁금한 것이 많았던 차에

• 대전지방법원 천안지원 • 매각기일: 2019.○○.○○(10:00) • 경매 6개(전화: 041-620-3076)

소재시	충청남도 아산시 도로명주소검색 다음 지도 네이버 지도		
물건종별	다세대(빌라)	감정가	100,000,000원
대지권	66,125m^2(20.003평)	최저가	(34%) 34,300,000원
건물면적	73.89m^2(22,352평)	보증금	(10%) 3,430,000원
매각물건	토지·건물 일괄매각	소유자	
개시결정	2017-03-24	채무자	
사건명	임의경매	채권자	

오늘 조회: 1 2주누적: 0 2주평균: 0 조회동향

구분	입찰기일	최저매각가격	결과
1차	2019.○○.○○	100,000,000원	유찰
2차	2018.○○.○○	70,000,000원	유찰
-	2018.○○.○○	49,000,000원	변경
3차	2019.○○.○○	49,000,000원	유찰
4차	**2019.○○.○○**	**34,300,000원**	
낙찰: 55,000,000원 (55%)			
매각결정기일: 2019.○○.○○ -매각허가결정			
대금지급기한: 2019.○○.○○ - 기한 후 납부			
배당기일: 2019.○○.○○			
배당종결: 2019.○○.○○			

20평 빌라 5,500만 원에 운 좋게 낙찰한 사례

내가 성실하게 답변을 해주니 답답했던 마음이 조금씩 풀렸던 것이다. 내 이야기를 듣고 그는 불안한 마음에서 벗어날 수 있었다.

내가 아는 선에서 배당기일, 배당금액, 최우선변제금 등을 친절하게 설명해주었다. 그러고는 "거주하는 데 지장이 없으면 나와 월세 계약을 하는 것이 어떻겠느냐?"고 물었더니 그는 "경매 낙찰되면 세입자가 무조건 이사 가야 하는 줄 알았다"며 "현재 사는 데 큰 지장이 없고 직장도 근처라서 재계약을 하면 좋겠다"라고 오히려 고마워했다. 이사를 가야 한다고 생각한 그는 걱정이 이만저만이 아니었던 것이다. 이사를 하려면 많은 비용이 들고 생활환경이 바뀌기 때문에 달갑지 않았다. 그러던 차에 낙찰자가 같은 조건으로 계속 거주해도 된다고 하니 그로서는 반가울 수밖에 없었던 것이다. 나 역시도 새로운 세입자를 구하기 어려웠던 상황에서 그가 계속 거주하고 싶다는 뜻

매월 20만 원씩 수익창출 사례

낙찰가	5,000만 원
경락잔금대출	4,500만 원
실투자금	500만 원

➡

월세보증금	500만 원
세입자보증금	500만 원
실제투자금	0원

➡

월세	30만 원
대출이자	10만 원
매월 수익	20만 원

을 밝히니 반가웠다. 나로서도 수월한 일처리가 가능해진 것이다.

이런 경우도 있다. 낙찰받은 물건에 공실 리스크, 부동산 중개비, 각종 수리비 등 지출해야 할 비용이 절감되어 수익률이 올라가는 경우다. 결론적으로는 세입자 및 임대인 둘 다 좋은 방향으로 계약을 하게 된 케이스다. 투자비용은 낙찰가 5,000만 원 중 4,500만 원을 경락잔금대출로 받았고, 대출금 제외 실투자금 지출이 500만 원 발생되었다. 그리고 중개업소 개입 없이 세입자와 직접 월세 보증금 500만 원에 매월 30만 원으로 월세 계약을 하게 되었다. 여기서 세입자로부터 보증금 500만 원을 받아 실제 투자금은 제로가 되었다. 월세를 30만 원 받게 되어 월 대출이자 10만 원을 제외하고도 매월 20만 원의 수익을 창출했다.

수익률은 100% 이상이 된다. 아무것도 하지 않고 숨만 쉬고 살아도 매월 20만 원씩 꼬박꼬박 돈이 들어오는 구조가 된 것이다. 아무것도 하지 않았는데 매월 20만 원씩의 수입이 생긴다는 것은 매우 든든한 일이다. 이런 경우가 하나도 아니고 몇 개에 이른다면 그만큼 수입이 늘어나는 것은 당연하다. 경매의 매력은 바로 이런 데서 찾을 수 있다. 내가 어떠한 일도 하지 않고 그렇다고 스트레스를 받는 일도 없이 매월 같은 날짜에 정해진 금액이 내 통장에 입금된다면 상상만 해도 기분 좋은 일이다. 부동산 경매 투자는 이런 편안한 인생을 가능하게 해준다. 꿈을 현실로 이룬 사례는 넘쳐난다. 꿈을 이룬 이들은 한결같이 "왜 진작 실천하지 않았는지 후회스럽다"고 말한다. 그들은 이미 안정된 노후를 즐길 준비를 하고 있다.

간단하게 1,300만 원 수익 올린 사례

30평 아파트가 낙찰된 사례를 소개한다. 아파트의 감정가는 1억 8,000만 원이었으며, 1회 유찰된 상태에서 1억 5,700만 원에 낙찰받았다.

이 물건도 낙찰이 확정된 후 즉시 해당 물건지로 이동하였다. 집에는 마침 세입자가 있었다. 경매 낙찰자라고 소개하고 "거주하고 있는 상황에 대해 협의를 했으면 좋겠다"며 문을 열어달라고 했는데 집에 있던 아주머니가 답변하기를 "남편이 알아서 해서 본인은 잘 모르니 연락처 놓고 가면 연락드리겠다"고 한다. 보통 낮 시간에는 가정주부들만 있어 문을 열어주기가 어려울 수 있다. 하지만 낮에 방문하면 대면에 실패할 확률이 높다는 이유로 방문을 하지 않는다면 일정

30평 아파트 1억 5,700만 원에 낙찰된 사례

구분	입찰기일	최저매각가격	결과
1차	2019.03.13	180,000,000원	유찰
2차	2019.04.12	126,000,000원	-
낙찰: 157,000,000원(약 89%) (입찰 8명, 낙찰: 인천 김상준)			

은 더 늦어질 수 있다. 직접 방문하여 다녀갔다는 흔적만 남기고 와도 연락처 전달이 그만큼 빨라져 연락 오는 시간이 단축될 수 있다. 그러니 낙찰받은 물건지를 우선적으로 방문하는 일은 필수다.

이틀 뒤 연락이 와서 말하기를 "전 주인과 임대계약서에 명시하지 않은 상태에서 전세가를 500만 원 올려 줬다"고 한다. 그러면서 "그 돈을 어떻게 받을 수 있느냐"고 내게 문의했다. 물건이 경매 신청에 들어간 상태에서 보증금을 증액하는 것은 어떠한 경우에도 보장받지 못한다. 그러니 임대차 계약 중 보증금을 올려줄 때는 최신등기부등본을 확인하여 경매 개시 결정 사항, 과도한 근저당 금액 등이 있는지 확인하고 올려주어야 한다. 세입자가 경매 진행 중에 계약서 없이 500만 원 보증금을 올려준 사항에 대해서는, 경매 배당으로는 신청이 되지 않기 때문이다. 민사소송을 통해 받아야 할 상황인 것이다. 이러한 설명을 하면서 딱한 심정을 이해하고 따뜻한 말

기각
소송을 수리한 법원이 소나 상소가 형식적인 요건은 갖추었으나 그 내용이 실체적으로 이유가 없다고 판단하여 소송을 종료하는 일이다.

한마디를 건넸다. 그러고는 민사소송에 도움을 줄 수 있는 법무사를 소개해주었다. 세입자는 "본인과 상관이 없는 일에 신경 써주어 고맙다"고 했다. 일단 그의 마음을 사로잡는 데는 성공한 셈이다. 마음이 통하기 시작했으니 이제부터는 협상이 한결 쉬워진다. 나 역시도 그의 딱한 처지를 알기에 최대한 사정을 봐주기로 마음먹은 상태였다. 그 집에는 초등학생과 유치원생인 두 명의 자녀가 있었다. 세입자는 두 아이가 집 주변에 있는 유치원에 다니기 때문에 이사를 하지 않고 이 집에 계속 거주하고 싶다는 뜻을 밝혔다. 내 입장에서도 그들을 일부러 나가게 하고 새로운 세입자를 다시 구해야 할 이유는 없다. 그래서 즉각적으로 임대 계약을 체결했다. 계약 조건은 보증금 3,000만 원에 월세 65만 원이었다.

세입자는 "여기가 정이 들어서 계속 살고 싶다"는 의사를 밝혔다. "1년 정도 지나면 적금 만기가 되니 그때 이 집을 사고 싶다"고도 했다. 그래서 월세 계약 1년 뒤 해당 아파트를 그에게 팔기로 했다. 수익을 따져보면 낙찰가 1억 5,700만 원에 대출 1억 2,000만 원을 제외하면 실투자금은 3,700만 원이 된다. 보증금 3,000만 원에 매월 65만 원 월세로 임대차 계약을 하고 기존 투자금 3,000만 원을 보증금으로 받은 셈이다. 따라서 나의 지갑에서 나간 실질적인 투자금은 700만 원이 된다. 월 대출이자 35만 원을 제외하고 매월 30만 원씩 돈이 들어오는 구조가 추가적으로 만들어진 것이다. 노

> **각하**
> 국가기관에 대한 행정상 또는 사법상의 신청을 배척하는 처분, 특히 소송상 법원이 당사자 그 밖의 관계인의 소송에 관한 신청을 배척하는 재판을 말한다.

동을 하지 않아도 매월 30만 원씩 돈이 들어오게 된 것이다. 추가로 1년 임대계약 이후 세입자가 원하는 대로 매도 계약을 체결했다. 시세가보다 저렴한 1억 7,000만 원에 매도했고, 결과적으로 1년간 받은 월세를 제외하고도 1,300만 원의 수익이 돌아왔다.

의무는 아니지만 나를 위해 쓰는 돈, 명도비용

50평 아파트를 낙찰받은 사례를 소개한다. 아파트 감정가 4억 원이며 1회 유찰된 상태에서 3억 2,700만 원에 낙찰을 받았다.

해당 물건은 세입자가 아닌 채무자가 거주하고 있었다. 이 물건을 낙찰받았을 때도 바로 물건지로 향하여, 그 집 문에 명함을 꽂아두고 왔다. 그날 바로 채무자로부터 연락이 왔다. 그는 얼마에 낙찰받았는지 물었고 답변을 해주니까 "너무 싸게 낙찰이 된 것 같다. 낙찰자 입장에서는 저렴하게 좋은 물건을 확보한 것 같다"고 아쉬워했다. 그러더니 "낙찰이 높게 되었으면 채권자들에게 빚을 갚고 조금이라도 가져갈 돈이 있을 텐데 본인이 사는 아파트가 너무 낮게 낙찰되어 한 푼도 못 받게 됐다"고 사정을 이야기했다.

50평 아파트 3억 2,700만 원에 낙찰된 사례

구분	입찰기일	최저매각가격	결과
1차	2019.03.22	400,000,000원	유찰
2차	2019.04.25	280,000,000원	-
낙찰: 327,000,000원(약 82%)			

대부분의 채무자가 그렇듯이 그도 "이사 비용이라도 조금만 지원해 달라"고 했다. 경매 낙찰 후 세입자나 채무자에게 이사비를 주는 것은 법적 의무사항이 아니다. 하지만 원만한 협의를 위해 소정의 이사비를 지급하는 것이 일반적이다. 그러니 경매물건 수익률을 측정할 때는 이사 비용 지원을 고려하는 것이 편하다. 그래야 빠른 협의를 이끌어낼 수 있다. 이사 비용을 아끼려고 세입자나 채무자와 언성을 높일 필요가 없다. 이사 비용을 지불하고 빠르게 집을 비워주면 그만큼 수익률이 올라간다고 생각해야 한다. 이사 때 좀 더 신경을 써서 깨끗하게 비워줄 수 있으니, 적절한 명도비용은 수익률을 증가하는 데 큰 도움이 된다.

한마디로 나무만 보지 말고 숲을 봐야 한다. 나는 경매 입찰 전 수익률을 측정할 때부터 어느 정도 이사 비용을 별도로 감안하고 입찰을 한다. 그래서 그 채무자에게 "경매로 배당받을 돈이 없으시니, 한 달 안에 집을 비워주시면 이사 비용을 조금이라도 챙겨 드리겠다"고 했다. 그러니 채무자도 "미리 살 집을 구해놓은 상태라 일주일 안에 집을 비워 주겠다"고 하여 명도가 잘 마무리되었다. 50만 원의 이사 비용을 지급하기로 하고 절반을 선지급하고 나머지 절반은 이사 후 지급했다. 이사비를 줘서 그런지 깨끗이 치워 놓고 가서 별도로 청소하거나 수리해야 할 필요가 없었다. 벽지와 장판을 깨끗하게 시공한 후 인근 부동산 중개업소와 직방, 다방, 피터팬, 네이버 및 다음 대표 카페 등에 접수해 매매 홍보를 한 결과 매매 의사가 있다는 두 명으로부터 연락이 왔다. 이 물건은 낙찰 후 한 달 만에 3억 6,000만 원에 매도까지 마무리되었다. 한 달 만에 부대 비용을 공제하고도 약 2,000만 원 이상의 수익이 생긴 사례다.

규칙을 정하고 꼼꼼히 체크하면 무조건 이기는 재테크

이렇듯 부동산 경매를 통해 수익을 낼 수 있는 다양한 방안들이 있다. 하지만 정확한 시세조사, 부동산 세금, 권리분석 등에 실수를 하면 손실이 발생할 수 있다. 본인이 정해놓은 규칙 안에서 꼼꼼히 체크만 잘하면 부동산 경매는 무조건 이기는 재테크가 될 수 있다. 수익을 발생시키기 위한 다양한 활동은 크든 작든 손실 발생의 위험부담을 안고 가는 것이 일반적이다. 부동산 경매 역시 리스크가 발생할 수 있지만 기본적인 사항만 잘 체크하면 손해가 발생할 확률이 거의 없다. 다른 어떤 종류의 장사나 사업보다 안전하고 수익률이 좋다. 경매가 불안하다고 말하는 이들은 경매를 모르는 이들이다.

앞서 열거한 해당사례를 참고해 무조건 실천하여 일을 하지 않아

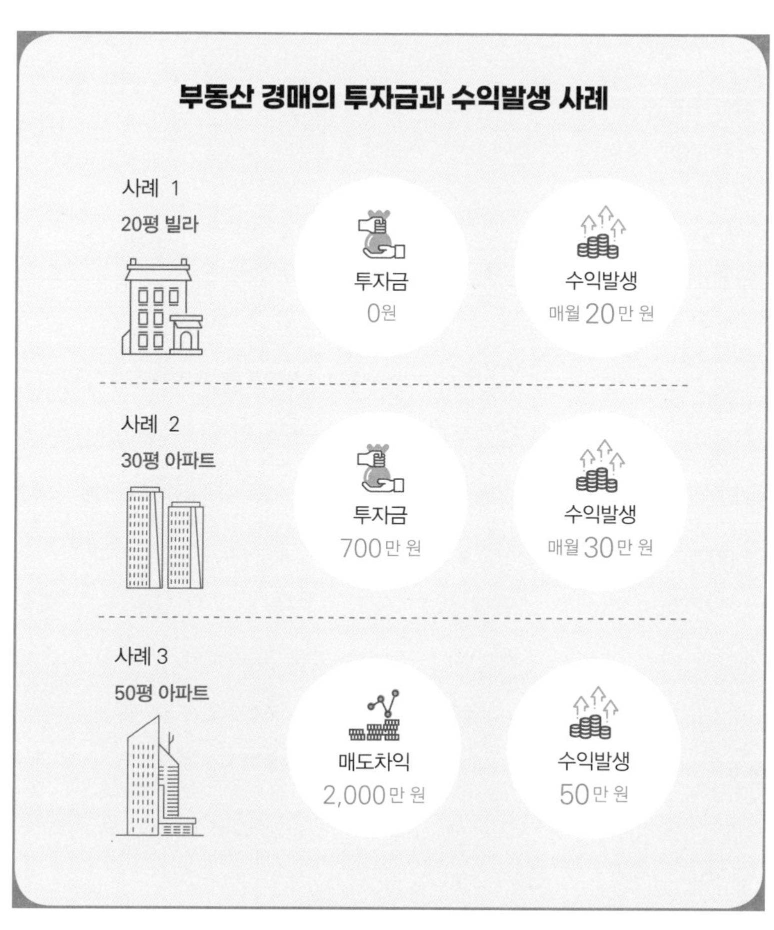

도 돈이 들어올 수 있는 구조를 만들어야 한다. 다음 세 가지 부동산 경매 사례를 통해 최종 수익률을 정리해본다. 20평 빌라는 보증금을 받아 투자금은 0원이었고 매월 20만 원 수익이 이루어졌다. 30평 아파트는 보증금을 받아 투자금은 700만 원이었고, 매월 30만 원 수익이 발생했다. 50평 아파트는 한 달 만에 단기매도하여, 1,300만 원의 매도차익이 발생했다. 총 50만 원의 수익과 1,300만 원의 단기매출이 발생된 사례다. 제시한 세 가지 경우 모두 거액의 투자금을 들이지 않고 높은 수익을 창출한 경우다. 기본에 충실한 투자를 한 결과로 볼 수 있다.

투자의 신이라고 불리는 워런 버핏도 평생 투자하면서 연 평균 수익률 25%를 넘긴 적이 없다. 내가 구입한 빌라 및 아파트의 경우 평균 100% 이상의 수익을 만들었다. 엄청난 성과라고 볼 수 있다. 자본금이 적어서 경매를 못 한다는 얘기는 잘못되었다. 이 책을 읽는 독자 누구라도 위에서 열거한 사례를 참고하여, 지금 당장 부동산 경매 공부를 통해 경제적 자유를 이루었으면 좋겠다. 경매는 결코 부정한 방법도 아니고 누군가에게 해를 끼치는 행위도 아니다. 경매 투자자는 오히려 채무자의 빚을 변제해주고, 거기에 거주하는 세입자들의 보증금을 지켜주는 유일한 사람일 수 있다.

PART 02

부동산 경매, 생각보다 어렵지 않다

대출이 있는 집은 매도하거나 임대할 때 싫어할까?

부동산 경매 강의를 하면서 많이 듣는 질문 중 하나는 "대출이 있는 집은 매도하거나 임대할 때 꺼리는 대상이 되지 않느냐?"는 것이다. 이렇게 생각하는 이유는 어려서부터 "집은 대출 없이 구매해야 된다. 완전한 본인의 집을 사야 한다"는 식의 교육을 받았기 때문이다. 그래서 편견을 가질 수 있다. 하지만 대출이 있는 집은 매도하거나 임대를 놓을 때도 전혀 문제가 되지 않는다. 경매 낙찰 후 대출이 80% 있는 집을 구매한 경우, 매도를 하면 계약금과 중도금을 치르고 마지막 잔금을 치를 때 입금된 잔금을 가지고 법무사가 등기에 걸려 있는 근저당을 깨끗하게 해지한 후 소유권을 이전시킨다. 그러니 전혀 문제될 것이 없다.

적당한 대출은 오히려 거래를 용이하게 한다

그럼 "월세나 전세를 놓을 때는 문제가 되지 않나"라는 의문점을 가질 수 있다. 월세입자의 경우 주택임대차보호법에 해당하는 최우선변제금을 확인한 후 보증금을 설정하고 월세를 놓아야 하기 때문에 전혀 문제가 되지 않는다. 전세입자의 경우는 근저당 설정된 금액을 확인한 후 배당이 가능한 보증금을 걸기 때문에 역시 문제가 되지 않는다. 집을 살 때 내 돈을 100%를 부담하여 구매하는 것은 어리석은 짓이다. 경제적 자유를 만들기 위해서는 돈이 돈을 벌 수 있는 구조를 만들어야 한다. 그러니 본인의 돈을 깔고 앉는 어리석음을 범하지 않길 바란다. 30년 전만 해도 알뜰히 월급을 모으면 집을 살 수 있었다. 아파트의 경우 서울에서는 1~2억 원이면 살 수 있었고 지방에서는 수천 만 원이면 살 수 있었다.

그러나 지금은 어떠한가? 서울의 아파트값은 평생 월급을 모아도 살 수 없는 금액까지 치솟았다. 지방에도 수억 원을 호가하는 아파트가 즐비하다. 평생 한 푼도 안 쓰고 월급을 모아도 그 비싼 아파트를 살 수 없는 지경이다. 그런데도 대출 없이 집을 사겠다고 고집한다면 생각을 당장 바꿔야 한다. "빚도 재산이다"라는 말은 괜한 소리가 아니다. 대출을 받을 수 있다는 것은 그만큼 신용을 인정받는 것이다. 무리하지 않는다면 적당한 대출은 오히려 거래를 용이하

> **배당**
> 매각대금으로 각 채권자를 만족시킬 수 없는 경우에 권리의 우선순위에 따라 매각대금을 나누어주는 절차로 법에 명시된 순서에 따라 배당받게 된다.

게 하는 요인이 될 수도 있다. 매수인이 매도인의 대출을 그대로 승계할 수 있기 때문이다.

대출이자는 소액이지만 집값은 수천만 원씩 오른다

웬만한 사람에게 집 한 채는 전 재산인 경우가 많다. 집값이 워낙 비싸다 보니 집을 구입하는 데 모든 재산을 털어넣는 것은 기본이다. 그것만으로도 부족해 대출을 받아야 부족한 자금을 메울 수 있다. 사실 본인 명의의 집에 살고 있는 경우라고 해도 대출 없이 온전히 자신의 자금만으로 집을 구입한 경우는 지극히 드물다고 봐야 한다. 부모로부터 집을 증여받았거나 로또 복권에 당첨되어 수억 원의 당첨금을 받은 경우가 아니라면 대출 없이 수억 원이나 하는 집을 구입하기란 말처럼 쉽지 않다.

일반적으로 대출을 받으면 이자를 부담해야 하는데 그것이 아까워 대출을 못 받는 이들도 있다. 하지만 이걸 생각해야 한다. 이자는 소액이지만 집값은 수천 만 원씩 오른다. 경우에 따라서는 수억 원이 오르기도 한다. 대출을 잘 이용할 줄 알아야 재산을 증식해줄 재테크에 눈을 뜨게 된다. 그 재테크 수단이 부동산이라면 더 말할 나위가 없다.

은행 대출은 정말 고마운 존재

금융권 대출은 결과적으로 재산을 증식해준다

많은 부를 가지고 있는 사람들의 경우 본인의 자본금만으로 부를 축적하지 않는다. 그 돈을 가지고 수익을 극대화하는 데 초점을 두고 재테크를 한다. 부자는 더욱 부자가 되고, 가난한 사람은 그 가난에서 벗어나지 못하는 이유가 여기에 있다. 예를 들어, 주변 지인이 누군가에게 집을 사려고 1억 원을 빌려달라고 하는데 연리 5% 이자를 주기로 했다고 하자. 금융권 이자보다 2~3배 높은 수준의 이자를 준다고 하니 여유가 있다면 마다할 이유가 없다. 흔쾌히 돈을 빌려주었고 1년 뒤 1억 원의 원금과 5% 이자인 500만 원을 받았다. 돈을 빌

2021년 아파트별 대출시세 (단위: 만 원)

평형	담보대출가능 금액	시세	
		하한가	일반가
32/84.85	37,200	56,000	62,000
34/91.6	38,400	58,000	64,000
41/109.76	43,500	67,000	72,500
30/74.06	34,200	55,000	57,000
33/84.03	39,300	62,000	65,500
30/74.57	37,200	59,500	62,000
33A/84.61	41,700	64,500	69,500
33B/84.56	41,700	64,500	69,500

자료: KB부동산시세

려준 사람 입장에서 안전하게 원금을 되돌려 받았고, 높은 금리의 이자를 받았으니 기분 좋은 일이다.

그런데 주변 지인들에게 들어보니 돈을 빌려간 그 사람이 1억 원을 가지고 경매를 해서 집을 샀는데, 1년 뒤 그 집의 가격이 5,000만 원이 올라 1억 5,000만 원에 팔려 5,000만 원을 벌었다고 한다. 이 사람이 돈을 빌려간 사람에게 전화를 해서 "나 때문에 돈을 많이 벌었으니 500만 원만 더 달라"고 떼를 썼다고 하자. 돈을 빌려간 사람이"약속대로 원금과 이자까지 다 줬는데 무슨 근거로 추가 돈을 요구하느냐?"고 대답하는 것은 당연하다. 언성을 높여봐야 소용없는 짓

1억 대여한 A와 1억으로 경매한 B 비교

1억 대여	1억 원
1년 뒤 연리 5%	5백만 원

1억 대여한 A

경매	1억 원
1년 뒤 금액	1억 5천만 원

1억으로 경매한 B

이다. 이런 일로 민사 소송을 벌였다고 해도 돈을 빌려준 사람이 승소할 확률은 없다. 돈을 빌려간 사람은 원금과 약속한 이자를 모두 주었기 때문에 추가로 돈을 줘야 할 아무런 이유가 없는 것이다.

사촌이 땅을 사서 돈을 벌면 배가 아프듯이 내 돈을 가지고 누군가 높은 수익을 얻었다면 이성적인 행동에서 벗어나 감성적인 행동을 하려는 경향을 보이기 마련이다. 이 경우 생각을 잘 못하고 처신을 잘 못하면, 사람을 잃고 돈도 잃는 꼴이 되기 십상이다. 하지만 은행은 다르다. 은행은 얼마의 돈을 빌리든 그 돈으로 몇 배의 수익을 올리든 상관하지 않는다. 이자만 잘 내면 오히려 "또 빌려줄 테니 자주 이용해 달라"고 한다. 그러니 본인의 재산을 증식해줄 수 있는 금융권 대출은 지속적으로 활용하는 것이 맞다.

사채나 사치성 대출은 피해야 한다

과거에 은행이 없었을 때 있더라도 문턱이 높았을 때는 개인 간의 거래인 사채를 이용할 수밖에 없었다. 사채는 채무자나 채권자 모두에게 불안하기 짝이 없는 시스템이다. 리스크가 크기 때문에 이율이 높게 책정될 수밖에 없다. 안정화되어 있는 금융대출을 이용하지 않는 것은 그만큼 재테크의 기본이 되어 있지 않다는 뜻이다.

본인의 재산을 깎아 먹는 대출은 절대 피해야 한다. 예를 들어, 자동차 대출의 경우 자동차를 구입하자마자 감가상각이 적용되기 시작하니 채무자 입장에서 자산이 줄어든다. 그래서 자동차를 구입할 때도 일반 금융대출을 이용할 수 있으면 훨씬 유리하다. 자동차 대출 외에도 사치성 대출은 피해야 한다. 전세자금 대출도 본인의 재산을 증식시키는 구실은 하지 못하므로 좋은 대출이라고 할 수 없다. 대출을 통해 자금을 구할 경우는 그 자금으로 새로운 부를 창출할 수 있는 경우에 실행한다는 생각을 갖는 것이 좋다. 소모성 자금의 대출이라면 피해야 한다.

일반 매매, 부동산 경매의 장단점

일반 매매와 부동산 경매의 차이

일반 매매를 할 경우 갑의 입장에서 원하는 물건을 면밀히 검토하고 구매할 수 있다. 부동산 중개업자가 브리핑하는 부동산 수익률을 듣고 구매를 결정하게 된다. 현재 형성되어 있는 가격과 수익만 따져보면 되기 때문에 결정이 빠르고 그만큼 구매가 수월할 수 있다. 반면 부동산 투기 규제에 따라 대출 레버리지leverage, 즉 대출을 최대치까지 받는 것에 제약이 따른다는 단점이 있다. 일반 매매로 부동산을 구입할 때는 시가로 구입하거나 급매가로 5~10% 절감된 상태로 구입하는 것이 일반적이다. 이 경우 매매가가 상승해 수익이 발생할 때까지 버틸 수 있는 여유 자본금이 꼭 필요하다. 반면 경매로 구입할 때는 시세 대비 최소 20% 이상 절감된 매물을 구매할 수 있고 투기에 따른 규제를 받지 않아 대출 레버리지를 극대화할 수 있다. 그로 인해 소액의 투자금 혹은 임차인에게서 보증금을 받아 투자금 없이도 투자에 나서는 일이 가능하다. 그만큼 수익률을 극대화할 수 있는 여지가 크다는 이야기다.

한마디로 정리하면 경매는 도매시장에서 본인이 스스로 수익률을 결정하고 입찰하기에 수익을 극대화할 수 있고, 취득절차가 법률에 의해 이루어지기 때문에 투명하며, 사기당할 일이 없다. 소자본으로 수익을 극대화할 수 있는 유일한 방법이다. 하지만 열 번 성공해도 한 번 실수하면 리스크가 크기 때문에 정확한 경매 과정을 습득하여 체계적으로 투자해야 한다.

법원이 주체가 되는 경매는 대출 규제가 적다

경매에 대해 잘 알지 못하는 사람들은 경매가 온전한 자기자본으로 참여해야 한다고 생각하는 경우가 많다. 일반 부동산 거래는 당연히 금융대출을 통해 구매해야 한다고 생각하면서도 경매를 통한 거래는 100% 자기자본으로 참여해야 한다고 생각하는 것이다. 여기서부터 오해가 시작된다. 사실은 경매야말로 대출제도를 잘 활용해서 참여해야 한다. 알아보면 길은 열리게 되어 있다. 아무것도 하지 않고

경매제도의 장단점 분석

장점	단점
1. 저렴한 가격으로 구매 가능 최초의 최저매각가격이 한국감정원 감정가격으로 결정되어 시가보다 저렴한 가격으로 매수가 가능	**1. 위험성 존재** 경매부동산은 시세보다 저렴한 것이 보통이지만 권리분석이나 물건분석을 잘못한 경우에는 더 높은 가격으로 거래되는 경우가 있다.
2. 법원에 의한 소유권이전등기 촉탁 매수인은 매각대금을 완납할 때에 권리를 취득하고 매수인은 등기에 필요한 서류 등을 첨부한 신청서를 법원에 제출하면 법원이 등기소에 직접 소유권이전등기를 촉탁하므로 편리하다.	**2. 어렵고 복잡한 명도 및 인도** 법원이 채무자 및 소유자 또는 부동산의 점유자로 하여금 부동산을 매수인에게 인도하도록 하는 데 6개월이 소요된다. 따라서 이 부분의 절차가 복잡하고 시간과 비용이 많이 들 수 있다.
3. 깨끗한 권리관계 매각부동산 위의 모든 저당권은 경매 매각으로 소멸한다. 지상권·지역권·전세권 등 등기된 임차권도 저당권·압류채권·가압류채권에 대항할 수 없는 경우에는 매각으로 소멸되므로 권리관계가 깨끗하다.	-
4. 토지거래허가구역 내에서 토지거래허가가 면제된다.	-

있으면 어떠한 이익도 내게 돌아오지 않는다. 부지런히 연구하고 실행에 옮겨야 수익이 내 것이 된다.

경매 투자는 나라에서, 즉 법원에서 주관한다. 별다른 대출규제를 하지 않는 것은 무엇을 의미하는 것인가? 바로 경매가 부도덕한 투기 차원이 아니라는 점을 공식적으로 인정하는 것이다. 일반 부동산 거래를 할 때 대출 규제를 하는 것은 투기적 요소가 발견됐기 때문이다. 투기세력들에 의해 가격에 거품이 생기면 실소유를 위해 거래하려는 다수가 손해를 입을 수 있다. 이 때문에 정부가 그것을 제어하는 것이다. 이에 반해 경매 거래와 관련해 별도의 규제를 하지 않는다는 것은 경매가 투기적 행위가 아니기 때문이다. 채무자 입장에서도 경매를 통해 소유 부동산을 처분함으로써 짐을 덜 수 있고, 채권자 입장에서도 경매를 통해 안정적으로 빌려준 돈을 받을 수 있게 된다.

부동산 경매는 딱 3가지만 알면 끝난다

주위에서 "주식으로 돈 좀 벌었다", "부동산으로 돈 좀 벌었다" 하는 소리가 심심치 않게 들린다. 보통 사람들은 부럽다고만 생각하지 막상 실천해보려 하지 않는 습성이 있다. 현재 자신이 가진 여유자금이 부족하니 투자에 엄두를 못 내는 경우가 일반적이다. 혹은 주식이나 부동산에 투자하려면 공부를 해야 하는데 어디서부터 어떻게 시작할지 막막하다. 그래서 생각만 하게 되고 실천은 계속 미루기만 하는 것이다. 주식의 경우 기업에 대한 가치 분석과 매도 및 매수 타임을 놓치면 손실로 이어질 수 있다. 단, 가치 투자를 제외하면 말이다. 하지만 부동산 경매는 자신이 알고 분석한 대로 실행만 하면 리스크를 제로로 만들 수 있다. 부동산 경매에 대해 '어렵다' 또는 '힘들다'

는 생각을 하지 않게 몇 가지 조언을 하고자 한다. 무조건 이기는 경매를 위해 세 가지만 지목해본다.

지하철역에서 도보로 10분 거리, 역세권을 찾아라

일단 돈이 되는 물건 분석이 중요하다. 부동산은 수요와 공급에 따라 상승과 하락이 결정된다. 수요가 증가한다는 것은 호재가 작용한다는 것을 의미한다. 대표적인 호재는 학군, 근린시설, 교통편, 일자리 창출 등이다. 이 요인들은 부동산 가격에 절대적인 영향을 미치게 된다. 그중 제일 중요한 부분은 지하철역에서 도보로 10분 거리, 즉 역세권에 속하는지 여부다. 이유는 간단하다. 지하철은 버스와 다르게 정시성을 보장받는 교통수단이다. 그러니 시간을 최대한 타이트하게 사용하는 것이 가능하며, 원하는 목적지까지 빠르게 이동하는 것이 가능하다. 이렇게 편의성을 주는 지하철 주변으로 사람들이 몰리는 것은 당연한 현상이다.

신규 지하철이 개통되면 주변 버스 노선들도 전부 변경된다. 시내버스 노선이 없어지는 경우가 발생하고 대신 지하철역으로 이동하는 마을버스가 생겨나 주거공간에서 지하철역까지 사람들을 이동시킨다. 이렇게 역이 생기고 사람이 몰리면 자연스럽게 역사 주변으로 상권이 형성된다. 이렇게 되면 역사와 상권이 밀집된 주변의 거주지 아파트나 빌라 등의 시세가 올라갈 수밖에 없다. 우리나라 수도권의 지

□	사진	사건번호 물건종류	물건가본내역	감정가 최저입찰가	입찰일자 (시간)	진행 상태	조회수 (최근열람)
□		19○○ 다세대(빌라)	인천광역시 미추홀구 〔대지권 13.6㎡, 건물 52.49㎡〕	98,000,000 48,020,000 50,550,000	2019○○ (10:00)	낙찰 (49%) (52%)	972 (4일 전)
□		19○○ 근린상가	인천광역시 연수구 〔대지권 35.92㎡, 건물 177.84㎡〕	395,000,000 193,550,000 241,000,000	2019○○ (10:00)	낙찰 (49%) (61%)	2,378
□		19○○ 다세대(빌라)	인천광역시 남동구 〔대지권 14.575㎡, 건물 35.73㎡〕	61,000,000 42,700,000 42,710,000	2019○○ (10:00)	낙찰 (70%) (70%)	327 (4일 전)
□		19○○ 다세대(빌라)	인천광역시 남동구 〔대지권 13.1㎡, 건물 39.7㎡〕	72,000,000 35,280,000 41,005,100	2019○○ (10:00)	낙찰 (49%) (57%)	490 (4일 전)
□		19○○ 다세대(빌라)	인천광역시 미추홀구 〔대지권 20㎡, 건물 32.64㎡〕	57,300,000 28,077,000 30,881,237	2019○○ (10:00)	낙찰 (49%) (54%)	624 (4일 전)

인천광역시 다세대주택 물건분석 내역

하철망은 전 세계 어느 도시와 비교해도 뒤떨어지지 않는 최고 수준이다. 지하철과 전철을 환승하면 수도권 웬만한 지역에 다다를 수 있다. 그러니 역과 가까운 거리에 있는 주택이나 상가라야 제값을 받을 수 있는 것은 당연하다.

본인이 거주하는 지역 위주로 물건 분석을 하라

사람들은 자신이 거주하는 곳 주변에 편의시설이 있기를 바라며, 편의시설이 있는 지역에는 수요가 지속적으로 발생된다. 자연스럽게 편의시설이 집중된 곳의 부동산 가격은 점차 상승하게 된다. 이런 사항들을 체크하며 물건분석을 해야 한다. 현재 거주하는 지역 외에 타 지역을 조사하기 위해선 많은 시간이 소요되므로 우선적으로 본인들이 살고 있는 지역 위주로 경매물건을 분석하는 것이 유리하다. 본인이 거주하는 동네라면 보통 교통, 학군, 근린시설 등에 대해 잘 알고 있으므로 물건분석하는 시간을 단축할 수 있다. 경매물건분석은 수요가 많은 아파트나 빌라 위주로 진행하면 일이 수월해진다.

KB, 네이버부동산, 국토교통부를 활용하라

시세를 조사하기 위해서는 대출에 기준이 되는 KB시세, 네이버부동산 시세, 국토교통부 실거래가 등을 이용한다. 전체 조사한 가격의 평균값을 확인한 후 인테리어비용, 부동산 명도비용, 부동산 중개료, 취득세 및 등록세, 목표수익 등을 빼고 원하는 수익이 나올 수 있는 최종 입찰가를 선정하면 된다. 현재 부동산의 소유주가 자신이 받고 싶은 금액, 그러니까 호가를 실거래가로 오판하면 그만큼 큰 손해를 감내해야 한다. 실제 거래가 이루어지는 적정한 가격을 잘 파악해야 정확한 수익을 계산할 수 있다. 일일이 해당 물건이 있는 주변의 부동산 중개업소를 찾아다닐 수도 있지만 이 경우 오랜 시간과 비용을 들여야 하는 것은 물론이고 온라인보다 시세 정보가 정확하지도 않다. 그러니 온라인을 활용하는 것이 현명하다.

원리와 구조만 이해하면 권리분석은 1분이면 끝난다

간단하게 경매 방법을 설명하자면, 각종 호재의 내용을 잘 아는 거주지 주변 아파트나 빌라 물건부터 분석하고, 선정한 물건 중 최소 세 군데 이상 가격조사 후 입찰가를 결정하면 된다. KB시세, 국토교통부 실거래가, 부동산 등 최소 세 군데 이상의 루트를 통해 가격을 산출하여 평균값을 만들면 실거래가에 근접한 가격정보를 얻을 수 있다. 마지막으로 세금, 중개수수료 및 법무비, 취득세 및 등록세, 목표 수익 등을 제외한 후 최종 입찰가를 선정하면 된다. 목표 수익은 본인이 설정하면 된다. 500만 원부터 1,000만 원 이상까지 무한대로 설정할 수 있지만 처음 시작할 때는 욕심을 최대한 버리고 공부한다는 자세로 시작해보는 것이 좋다. 무리해서 투자하면 그만큼 실수할 수 있다. 적은 수익이라도 괜찮으니 직접 해본다는 생각을 갖는 게 중요하다.

돈이 되는 물건이라고 해도 권리분석을 못하면 무조건 손해를 볼 수밖에 없다는 사실을 반드시 염두에 두어야 한다. 어려운 법적 용어들이 많아 접근하기 쉽지 않지만 실제 원리와 구조만 잘 이해하면 권리분석은 1분이면 끝난다. 절대 어렵지 않으니 지레 겁을 먹는 일은 없어야 한다. 우선 말소기준권리를 알아야 한다.

물어줘야 하는 비용이 없도록 하라

말소기준권리란 낙찰자가 낙찰금액을 납부하면 말소기준등기를 포함한 모든 권리가 소멸되는 것을 말한다. 대표적으로 저당권, 근저당권, 압류, 가압류, 담보가등기, 경매개시결정등기가 있다. 여섯 가지 권리 중 가장 먼저 채무자에게 돈을 빌려준 날짜가 말소기준권리가 된다. 말소기준권리를 찾으면 그 권리기준 밑에 설정된 모든 권리는 소멸되고, 그 위로 설정된 권리는 특수물건으로 낙찰받아도 인수해야 되는, 즉 물어줘야 하는 비용이 되므로 주의해야 한다.

요약하면, 말소기준에 부합하는 저당권, 근저당, 압류, 가압류 등을 찾아 먼저 돈을 빌려준 곳을 알아내면 그 밑으로 설정된 권리는 소멸되고 그 위로 설정된 권리는 인수해야 한다고 생각하면 된다. 특수물건, 즉 낙찰금 외에 추가로 부담해야 하는 물건의 경우 장기간

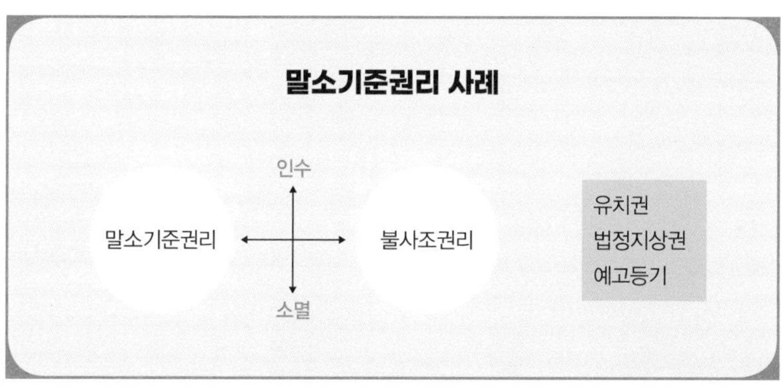

구분	최우선변제권	우선변제권
1. 소유권	-	낙찰자
2. 가등기	-	인수
3. 근저당권	말소기준권리	소멸
4. 임차권	-	소멸
5. 근저당권	-	소멸
6. 전세권	-	소멸
7. 가처분	-	소멸
8. 경매기입등기	5번 근저당권에 의한 경매	소멸

건물등기부

순위	등기목적	접수일자	권리자	청구금액 (계: 14,888,686,219)	기타등기 사항	소멸 여부
1	소유권이전(매매)	2002.01.25 ○○○	김○○			
2	근저당	2009.04.29 ○○○	서울○○	250,000,000원	말소기준등기	소멸
3	가압류	2011.08.29 ○○○	○○은행	97,463,000원	2011카단○○	소멸
4	가압류	2011.09.09 ○○○	○○○○저축은행	1,500,000,000원	2011카단○○	소멸
5	가압류	2012.02.14 ○○○	㈜케이○○	900,000,000원	2012카단○○ 변경전: 주식회사정리금융공사	소멸
6	가압류	2013.01.28 ○○○	○○저축은행	7,600,000,000원	2013카단○○	소멸
7	가압류	2013.03.14 ○○○	○○○○공사	1,000,000,000원	2013카단○○, 파산자○○○○ 저축은행의 파산관재인	소멸

법적 싸움으로 이어질 수 있고 많은 리스크를 안아야 할 수 있다. 따라서 처음 경매를 진행할 때는 권리분석에 문제가 되지 않는 하자없는 물건을 대상으로 접근해 수익을 올리면 된다. 권리분석은 절대 어렵지 않다. 제일 먼저 채무자에게 돈을 빌려준 권리, 즉 말소기준권리(저당, 근저당, 압류, 가압류, 담보가등기, 경매시결정등기)를 찾고 위로 설정된 권리가 없는지만 검토하면 권리분석은 끝난다.

그리고 마지막 명도를 잘 해야 한다. 경매 중 사용하는 명도라는 말은 "낙찰받은 물건에서 세입자나 채무자를 원만하게 이사시키거나 재계약을 유도하는 것"을 일컫는다. 경매 낙찰자들이 많이 묻는 질문은 "낙찰 이후 점유자는 언제 만나요?", "이사비를 줘야 하나요?", "공과금은 누가 부담하나요?", "주택 파손은 어떻게 처리하나요?" 등이다. 법적으로야 경매 낙찰자가 바로 재산권을 행사할 수 있지만 거주자가 법적 권리를 무시하고 이사를 하지 않고 버티거나 무리한 요구를 하는 경우가 심심찮게 발생한다. 법적으로 해결하려면 많은 시간이 소요되고 복잡한 절차를 거쳐야 한다. 그러니 법적 절차로 해결하기 이전에 타협을 통해 원만하게 이사를 유도하는 것이 현명한 방법이다.

법으로 해결하기 전에 타협이 현명하다

복잡한 이론보다는 내가 겪은 사례를 제시하는 것이 보다 이해하기 쉬울 것 같다. 최근에 낙찰받은 물건이 두 건 정도 된다. 참고로 나는 법원에서 경매를 낙찰받으면 그 즉시 낙찰받은 물건지로 향한다. 경매물건지 주변에 자주 가야 하는 일이 발생하기 전에 바로 낙찰지 물건으로 향하는 것이다.

첫 번째 낙찰 건은 아파트이며 거주자가 채무자였다. 낙찰 후 아파트에 가서 만나보려 했는데 부재중이어서 명함을 두고 왔다. 이후 연락이 왔는데 "일이 잘 풀리지 않아 이렇게 경매까지 나가게 된 상황"이라고 설명하더니 "이사할 수 있게 이사 비용을 조금만 챙겨 달라"고 말을 했다. 여기서 채무자에게 이사 비용을 지불하는 것은 낙찰자의 의무가 아니다.

하지만 실제 거주자가 채무자인 경우 배당금을 한 푼도 못 받으니 원만한 합의를 위해 최소의 이사비용을 배려해주게 된다. 대신 배당금 없이 최대한 빨리 집을 비워주는 조건으로 이사 비용을 지급하는 것이 중요하다. 빠르면 빠를수록 임대를 놓는 시간이 단축되고 매매도 신속하게 이루어져 투자자에게는 오히려 이익이 된다. 이번 건도 50만 원이라는 최소비용으로 이사비용을 지급했다. 그 결과 낙찰 후 1주일 만에 집을 비워줘서 빨리 세입자를 구할 수 있었다. 만약 50만 원이 아까워 이를 지불하지 않고 시비를 따졌다면 양쪽 모두 시간을 허비하며 손해를 보았을 것이다. 그러니 법적 의무사항은 아니라도 적당히 위로금을 지불하는 것도 해결책이 된다.

두 번째 낙찰 건은 빌라였다. 낙찰 후 즉시 세입자를 만나러 갔고 운이 좋게 바로 만날 수 있었다. 세입자가 전 집주인과 연락도 안 되고 경매절차 부분과 배당금 등을 궁금해 하기에 배당기일, 최우선변제금 등 한도범위를 설명하고 절차와 시간에 대해 설명해주었다. 그리고 추가적으로 "현재 살면서 불편한 사항이 없으면 낙찰자인 나와 재계약을 해도 된다"고 말하니, "그게 가능한 거냐?"며 "경매에 낙찰되면 세입자는 무조건 이사를 가는 건 줄 알았다"고 했다. 그는 다른 살 집을 알아보고 이사하는 데 필요한 비용이 고민이었는데 재계약을 하자고 하니 오히려 "고맙다"고 기뻐했다. 이렇게 그와 원만하게 재계약을 체결했다. 덕분에 많은 비용을 절감하고 명도문제를 잘 처리할 수 있었다. 재계약이 되면 부동산중개수수료, 법무비용, 도배장판, 명도비용 등을 절약할 수 있게 되어 보다 높은 수익을 만들 수 있다.

부동산 경매의 기본인 물건분석, 권리분석, 명도

유리한 협상을 위해 법적 절차를 알아야 한다

채무자가 아닌 세입자가 거주하고 있을 경우, 경매낙찰 후 허가결정, 확정, 대금납부, 배당 등 절차를 진행하는 데 최소 1개월에서 길게는 3개월 정도 기간이 소요될 수 있다. 세입자가 이사하지 않고 계속 거주하고 싶다는 의사를 밝히면 낙찰자와 재계약을 통해 거주를 연장하면 된다. 새롭게 세입자를 구하지 않고 기존 거주자와 재계약을 체결하면 부동산 중개료, 이사비, 수리비, 명도비, 대출이자 등 모든 비용이 줄어든다. 따라서 투자 리스크 없이 즉시 계약을 하면 낙찰자나 세입자 모두에게 이익이 된다. 세입자도 이사의 번거로움을

수리 전 화장실

수리 후 화장실

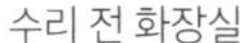

피하기 위해 재계약을 원하는 경우가 많다.

부동산 경매 과정의 명도는 협상이다. 이사 비용을 주지 않거나, 적게 주었다고 명도를 잘한 것일까? 그렇게만 생각하면 큰 오산이다. 최소의 이사 비용으로 빠른 명도를 하여 물건 수익을 극대화할 수 있으며, 상대가 부동산 경매 절차 등을 잘 모를 경우 정확한 정보를 전달하여 새로운 계약을 이끌어낼 수도 있다. 낙찰자가 부동산 인도명령, 강제집행 등 법적 우위의 권리를 가지고 있더라도 인간적인 배려의 자세를 갖고 명도에 임해야 한다. 영화 〈부당거래〉의 "호의가 계속되면 그게 권리인 줄 안다"는 말처럼 낙찰자가 최대한 호의를 베풀었음에도 불구하고 점유자가 무리한 요구를 하거나, 악의적으로 점유를 지연

강제집행

채권자의 신청에 따라 집행권원에 표시된 사법상의 이행청구권을 국가권력에 의해 강제적으로 실현하는 법적 절차다.

하는 경우도 있다. 그렇다면 강제집행 제도를 통해 강하게 대응해야 한다.

결정과 절차가 빠를수록 수익이 높다

최종적으로 말하면, 1년 내지 수년을 거쳐 경매에 나온 물건의 경우 감정가가 저평가되어 있거나 유찰로 인해 세일된 아파트, 빌라를 선정하는 것이 가장 적절한 경매 참여방법이다. 또한 물건에 대한 권리분석으로 말소기준을 찾아 위로 설정된 권리가 있는지만 검토한 후 입찰준비를 하면 된다. 그렇게 선정된 물건을 낙찰받으면 바로 물건지로 이동하여, 채무자 및 세입자와 이사 일정을 협의하거나 재계약을 체결하면 된다. 특별한 이유가 없다면 재계약을 유도하는 것이 낙찰자나 세입자 모두에게 유리하다. 모든 결정과 절차를 빠르게 진행할수록 수익에 빠르게 접근할 수 있음을 명심해야 한다. 작은 부담을 피하기 위해 명도를 어렵게 끌고 가면 그만큼 소모적으로 일을 처리하게 되므로 소탐대실을 피해야 한다.

'물건분석', '권리분석', '명도'는 부동산 경매의 핵심적인 세 가지 요소다. 어렵게만 생각하는 부동산 경매는 사실 이게 전부다. 누구나 할 수 있지만 도전하지 않아 못하는 것이다. 경매는 이겨놓고 싸우는 것이다. 그러니 빨리 도전하는 자가 그 수익을 취할 수 있다. 어떤 일을 하면서 모든 것을 알고 시작하는 이는 없다. 장사든 사업이든 투

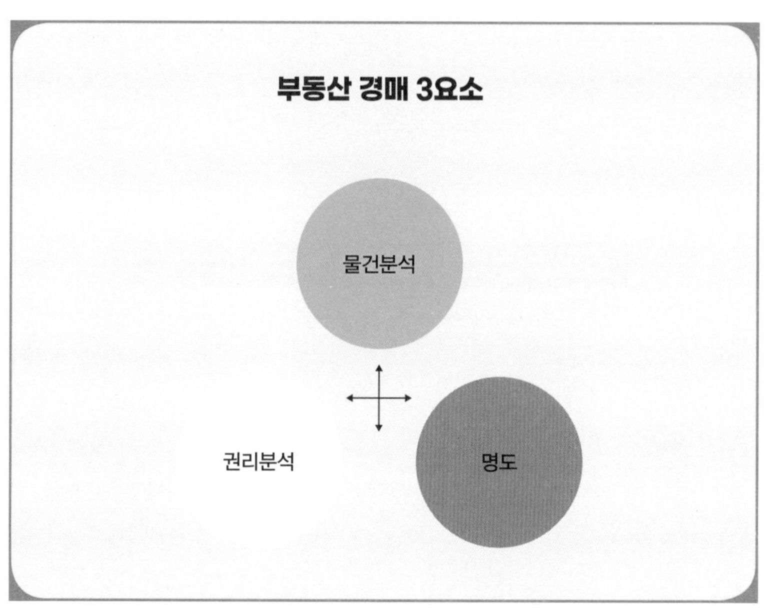

자든 기본을 익히고 나서 실전에 임하는 가운데 노하우를 쌓아가는 것이다. 무모하게 덤벼들라는 것은 아니다. 차분히 사전 지식을 습득해 실전에 임하는 것이 중요하다. 하지만 차일피일 미루지 말고 어느 정도 준비가 되었거든 작은 투자를 시작으로 실제로 직접 체험해야 한다. 몸으로 익히는 학습이 최고의 학습이기 때문이다.

우선 말소기준권리를 챙겨라

등기부등본을 확인하라

대한민국 국민 대다수는 초등학교부터 대학교까지 심지어는 대학원까지 다니면서 교양지식과 전문지식을 습득한다. 그럼에도 불구하고 의식주 중에 가장 중요한 주거와 관련된 부동산 매입과정이나 등기부등본 보는 방법 등을 알려주는 교육이 없다는 사실이 놀라울 따름이다. 주요 과목은 아니더라도 조금씩만 교육한다면 부동산 사기 등의 피해를 당하는 사람들이 현저하게 줄어들 것이다. 교육수준이 높아 고소득 전문직에 몸담고 있는 사람이지만 부동산 투자를 실패하는 경우를 자주 목격한다. 배울 만큼 배운 사람이 부동산 투자에 실패하는 것은 부동산에 대한 기초 상식을 접하는 데 소홀했기 때문이다. 경매를 예로 들면 부동산 권리분석을 제대로 이해하지 못했기 때문에 송사에 휘말리고 투자에 실패하는 것이다.

부동산 경매 중 가장 중요하게 배우는 부분은 말소기준권리다. 일반인이 내가 살 집을 마련하고자 할 때 가장 먼저 찾는 곳은 부동산 중개업소다. 부동산 등기부등본을 확인해보면 부동산을 담보로 근저당이 설정되어 있거나 지인에게 돈을 빌렸는데 갚지 않아 부동산에 가압류가 들어와 있는 경우가 있다. 또한 기존 임차인이 전세권 설정등기를 하는 경우도 있다. 일반 매매의 경우는 대부분 매도인의 책임하에 등기부에 기재된 권리들을 하나하나 말소시켜 가며 구매하게 된다.

일반 매매는 매도인이 본인의 집을 팔아서 현금화하려는 목적이 있기 때문에 이렇게 협조적일 수밖에 없다. 일반 매매는 경매에까지 이르지 않은 단계로 권리관계가 상대적으로 덜 복잡하다. 권리관계가 복잡해지면 경매로 처분되지만 아직 그 단계에 가지 않은 상태이기 때문이다.

그에 비해 부동산 경매는 복잡하다. 보통 부동산 경매에 나온 물건들은 최소 세 가지 이상, 많게는 수십 개의 권리가 살아 있을 수 있다. 경매 당하는 소유자, 즉 채무자가 원해서 진행하는 경우는 드물고 대부분 채권자의 뜻에 따라 집이 경

소유권이전등기

매매, 상속, 증여 등에 의하여 유상 또는 무상으로 부동산의 소유권이 이전되는 것으로 부동산 등기사항증명서상에 이 내용을 기입하는 것이다.

매로 나오기 때문이다. 일반 매매처럼 매도인이 알아서 등기부에 기재된 근저당이나 가압류, 압류, 가등기 그리고 임차인 현황을 정리해주지 않는다. 각종 법령에 따른 일정한 원칙에 의해서 등기부에 기재된 말소기준권리 이후로 들어온 권리는 소멸하는 것을 원칙으로 한다. 따라서 말소기준권리를 찾는 것이 핵심이며, 경매 입찰 전 말소기준권리를 찾을 수 있는 능력을 키워야 한다.

말소기준권리를 찾는 방법

그렇다면 이제 말소기준권리를 찾는 방법에 대해 알아보자. 말소기준권리에 해당하는 권리는 저당, 근저당, 가압류, 압류, 경매개시결정등기, 선순위전세권, 담보가등기 등이다. 해당 권리 중 제일 먼저 설정된 권리가 말소기준권리가 되며, 해당 권리 밑으로 설정된 권리는 전부 소멸되고 위로 설정된 권리는 인수된다. 경매 나온 물건 중 80% 이상은 근저당이 말소기준권리가 된다. 그 이유는 대출을 받아 집을 구매하기 때문이다. 따라서 최초 권리는 근저당이 될 수 있다. 그럼 근저당에 대해 좀 더 자세히 알아보자. 근저당은 "채무자가 채무를 이행하지 않을 경우에 대비하여 미리 특정 부동산을 담보물로 저당 잡아 둔 채권자가 그 담보에 대해 다른 채권자에

촉탁

촉탁이란 어떤 일을 남에게 부탁하여 대신 처리하게 하는 것으로 최고가매수인이 되어 잔금을 납부하게 되면, 해당 담당계에서 소유권이전등기를 직권으로 등기소에 촉탁해준다.

소유권이전청구권가등기인 경우

순위번호	등 기 목 적	접 수	등 기 원 인
8	○○○○○전부 이전청구권가등기	2009년 4월 21일 ○○○	2009년 4월 6일 매매예약

담보가등기인 경우

순위번호	등 기 목 적	접 수	등 기 원 인
6	1번○○지분 전부 이전청구권가등기	2007년 7월 9일 ○○○	2007년 7월 9일 대물반환예약

소유권이전청구권가등기과 담보가등기의 차이

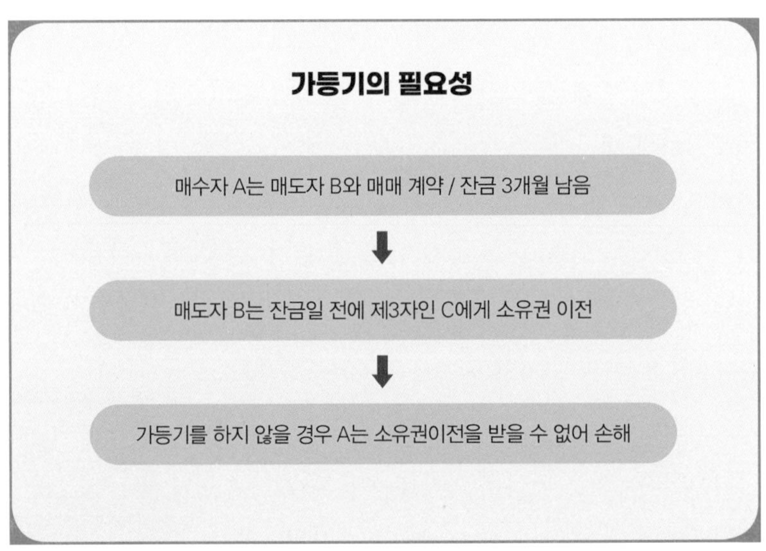

우선해서 변제받을 것을 목적으로 하는 권리"다.

가등기도 말소기준에 성립될 수 있다. 여기서 가등기란 "본등기에 대비하여 미리 그 순위 보전을 위해 하는 예비적 등기"를 말한다. 이 가등기가 행해진 후 본등기가 이루어지면 본등기의 순위는 가등기의 순위로 소급된다. 하지만 금전적인 담보로 부동산에 권리를 설정한 경우만 해당된다. 소유권이전청구가등기, 즉 부동산을 취득할 목적으로 설정한 권리는 말소기준이 성립되지 않으니 주의해야 한다. 가등기는 효과가 크지만 그에 비해 등록세가 적기 때문에 채권을 확보하려 할 때 많이 이용된다. 하지만 가등기는 말 그대로 본등기와 구분되는 거짓등기, 임시등기라는 점을 기억해야 한다.

소유권이전등기촉탁

경매는 매수인이 대금을 완납하면 매각부동산의 소유권을 취득하게 되므로 집행법원은 매수인이 등기비용을 부담하고 등기촉탁 신청을 하면 매수인을 위해 소유권이전등기를 대신해준다. 소유권이전등기촉탁은 각종 말소등기 내역을 작성하면 매수인에게 인수되지 않는 권리를 등기관에게 말소하도록 촉탁하는 절차다.

우선변제권과 가압류

우선변제권의 의미와 효력

주택경매 응찰자나 경매물건주, 경매 신청을 한 채권자라면 우선변제와 최우선변제 개념은 꼭 알아야 한다. 그중 우선변제권을 알아야 한다. 우선변제권이란 "주택임대차보호법상 임차인이 보증금을 우선 변제받을 수 있는 권리"를 말하며, 채무자의 집이 경매로 넘어갔을 때 우선변제권을 가지고 있는 채권자가 다른 채권자에 우선하여 변제를 받을 수 있는 권리다. 선순위자가 우선적으로 모든 금액을 변제받은 이후에 나머지를 가지고 후순위자가 변제를 받을 수 있게 된다. 우선변제권을 행사할 수 있는 권리는 근저당권, 전세권, 임금,

우선변제권의 기준일

전입신고 기준으로 다음날 0시에 대항력이 발생된다.

최우선변제권과 우선변제권의 비교

구분	최우선변제권	우선변제권
요건	대항요건	대항요건+확정일자인
효력	다른 담보물권자(타 권리자)보다 우선변제	후순위권리자 기타 채권자보다 우선변제
범위	소액보증금	무제한
우선변제범위	소액보증금 중 일정액	보증금 전액
제한	주택가격의 1/2 범위 안에서	무제한
대항요건완비시기	경매개시결정 기입등기 전	시기에 상관 없음
법인적용 여부	적용대상이 아님	적용대상임

국세, 주택임차권 등이다. 일단 우선변제권의 의미와 효력에 대해 숙지하고 있어야 한다.

예를 들어, 김 씨가 채권자들에게 집을 담보로 1억 원을 빌렸다. 그런데 원금 및 이자를 지속적으로 갚지 못하자 채권자들이 집을 현금화할 목적으로 경매 신청을 했다고 하자. 경매에서 바로 팔릴 수 있도록 20% 할인된 8,000만 원에 경매시장에 나온 것이다. 이때 김 씨 집에 사는 우선변제권을 가지고 있던 세입자 이 씨는 다른 채권자들보다 우선적으로 보증금 5,000만 원을 돌려받게 된다. 이후 남은 금액 3,000만 원을 나머지 채권자들에게 배당한다. 이 씨가 행사한 권리가 바로 우선변제권이다. 국세나 근저당권, 임금 등도 우선변제권을 행사할수 있는 권리에 속한다.

하지만 우선변제권이 있다고 해도 무조건 우선변제를 받을 수 있는 것은 아니다. 우선변제를 받기 위해서는 특정한 자격을 갖추어야 한다. 낙찰기일까지 배당요구를 하며, 주택 점유 및 확정일자를 받아야 한다는 조건을 충족시켜야 한다. 그래야 우선변제의 대항력을 갖출 수 있다. 예컨대 확정일자를 받아놓지 않은 경우 전세권자는 우선변제권을 행사할 수 없다. 대항요건을 가지게 된다면 임차주택이 다른 사람에게 매각이나 양도되어도 새로운 집주인에게 임차권을 주장할 수 있다. 임대기간까지 거주할 수 있고, 보증금 전액을 돌려받을 때까지 집을 안 나가도 된다는 이야기다.

확정일자

법원의 등기소 또는 공증인 사무실, 구청이나 동사무소에 주택임대차 계약서에 현재 날짜를 증명하기 위하여 확정일자의 번호와 도장을 찍는다. 임차주택을 인도받고 주민등록 전입신고와 함께 확정일자를 받으면 된다.

우선변제권을 요약하면 주택을 점유하고 있거나 주민등록 이전 등의 대항요건을 갖추고 주택임대차 계약서상에 확정일자를 받은 임차인이 임차 주택이 경매될 경우 후순위 담보권자나 기타 채권자에 우선하여 보증금을 변제받을 수 있는 권리다. 경매 투자자들은 이런 대항요건을 갖춘 임차인이 있는지 면밀히 파악하여 경매에 응찰하여야 한다. 이런 사항들을 살피지 않고 응찰하면 우선변제권에 밀려 수익이 발생하지 않는다. 그러니 권리관계를 꼼꼼히 살펴야 한다. 우선변제권이 있는 사항을 제대로 확인하지 못한 책임은 투자자 자신이 떠안아야 한다는 것을 명심하라.

가압류와 근저당의 차이

권리분석 중 가압류라는 단어도 많이 듣게 된다. 이 단어를 처음 들으면 드라마의 한 장면이 떠오른다. 부유했던 집의 사업이 망하고 부도가 나면 사람들이 찾아와 집안에 있는 모든 돈 되는 물건에다 빨간 압류 딱지를 붙이는 장면이다. 경매 투자자들에게 가압류라는 단어는 그 정도로 무서운 것은 아니다. 정확한 의미를 파악할 필요가 있다. 가압류는 '채무자의 재산이 은폐 또는 매각에 의해 없어질 우려가 있을 경우, 강제집행을 보전하기 위해 재산을 임시로 압류하는 법원의 처분'을 말한다. 가압류는 "금전채권이나 금전으로 환산할 수 없는 채권에 대해 동산 또는 부동산에 대한 강제집행을 보전할 목적으로 실시"한다. 가압류는 기한이 도래하지 않은 채권에 대해서 행사할 수도 있다.

압류

민사 소송법에서 집행 기관에 의하여 채무자의 특정 재산에 대한 처분이 제한되는 강제 집행. 채무자는 압류 재산에 대한 처분권을 상실하며 처분권은 국가에 이전된다. 가압류처럼 소송 후 경매를 실행하는 것과 달리 소송하지 않고 바로 경매에 들어갈 수 있다.

빌려준 돈을 받기 위해서 돈을 빌려준 채권

자가 소송을 제기하여 승소를 해도 채무자가 악의적인 마음으로 재산을 은닉하면 빌려준 돈을 회수하기가 어려워진다. 결국 소송에서 이겨도 채무자 명의로 된 돈이 없으니, 빌려준 돈을 받을 방법이 사라지는 것이다. 이런 불상사를 막기 위해 채무자가 재산 명의를 변경하거나, 숨기지 못하도록 법원이 채무자의 재산을 임시로 확보하는 절차를 밟게 된다. 이것을 가압류라고 한다. 쉽게 설명하여 내가 특정인에게 돈을 빌려줬다. 받을 돈은 1억 원이며 증거는 차용증과 은행 거래 내역이다. 이를 근거로 "이 사람이 부동산을 팔거나 명의를 변경하지 못하도록 묶어주세요"라고 법원에 이야기하며 권리설정을 하는 것이 가압류다. 경매물건 중 근저당과 가압류는 흔하게 볼 수 있는 권리이며, 특별히 문제가 되는 경우는 없다.

여기서 근저당과 가압류의 차이를 간단하게 이야기하면, 채무자가 부동산을 담보로 은행에서 돈을 빌렸을 때 은행이 부동산을 담보로 설정하는 권리가 근저당이다. 채무자가 원금과 이자를 내지 않으면 은행은 근저당을 설정한 물건을 가질 수는 없지만 이 부동산을 현물화하여 빌려준 돈을 받을 수 있다. 은행은 등기부등본에 기재하여 돈을 빌려주기 때문에 곧바로 경매를 신청할 수 있다. 하지만 가압류는 다르다. 신용카드로 1,000만 원을 사용한 후 대금을 갚지 않고 있다고 가정하면 카드사는 근저당권자처럼 바로 경매를 신청하여 빌려준 돈을 받을 수 없다. 카드대금은 등기부등본에 기재되어 있지 않기 때문

가압류

민사 소송법에서 법원이 채권자를 위하여 나중에 강제 집행을 할 목적으로 채무자의 재산을 임시로 확보하는 일을 말한다.

에 신용카드 1,000만 원을 빌려 쓴 근거가 부족하다. 따라서 절차가 좀 더 복잡해진다.

신용카드사는 먼저 법원에 채권자를 상대로 소송을 하게 된다. 그리고 판결문을 받아야 그 존재를 인정한 채권과 금액이 명시된다. 법원은 판결문을 근거로 신용카드사의 강제경매 신청을 받아들이게 된다. 따라서 신용카드 회사는 소송을 하는 동안 채무자가 재산을 은닉하거나, 도피하는 것을 방지하여 부동산 가압류 신청을 하게 된다. 그렇게 등기가 되면 채무자는 부동산을 매도하거나 소유권을 변경할 수 없게 되는 것이다. 즉, 가압류는 채권을 보전하기 위해 한다. 이게 가압류의 목적이라고 볼 수 있다.

가처분과 가등기

가처분

권리분석 중 '가처분'이란 단어가 나오게 된다. 경매 입문자들에게 가처분이라는 단어는 어렵고 낯설게 느껴진다. 가처분이란 "권리의 실현이 소송의 지연이나 강제집행을 면하기 위한 채무자의 재산 은닉 등으로 위험에 처해 있을 경우, 보전을 위해 그 권리에 관한 분쟁을 소송으로 해결하거나 강제집행이 가능하게 될 때까지 잠정적, 가정적으로 행해지는 처분"을 말한다. 이렇게 이야기하면 어려우니 한마디로 요약하면 "이 부동산이 소송을 하고 있으니 주의하라"는 뜻과 일맥상통한다. 가처분의 성질상 말소기준 밑에 설정되어 있는 후순

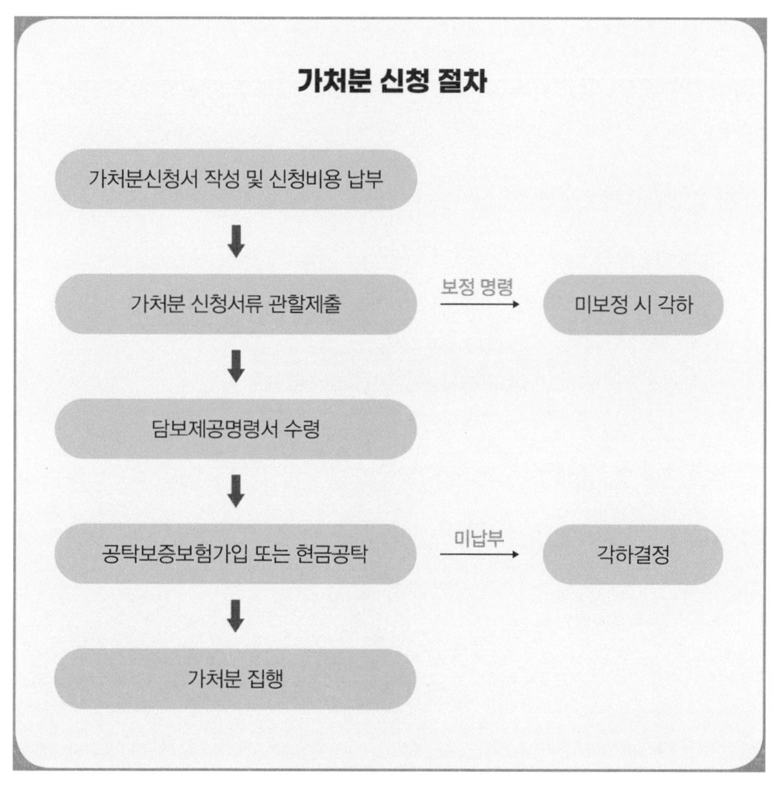

위 가처분이라고 해도 소멸되지 않는 경우가 있다. 후순위 가처분이 소멸되지 않는 경우는 크게 세 가지다.

첫째, 토지소유자가 그 지상건물 소유자를 상대로 건물 철거 및 처분금지 가처분을 한 경우로 비록 후순위라고 해도 소멸되지 않는다. 둘째, 소유권 이전의 원인 무효를 다투는 가처분은 재판결과에 따라 말소되지 않을 수도 있다. 셋째, 선순위 근저당이 이미 변제되어 실제 잔여채무가 없음에도 불구하고 형식적으로 저당권 등기가 남아 있는 경우다. 2순위 가처분이 실질적으로 선순위가 되어 매각으로 인하여 소멸되지 않는 경우다. 이렇듯 후순위 가처분이라고 안심하지 말고 가처분별 성격을 파악하여 이기는 투자를 해야 한다.

본등기 전에 가등기

추가적으로 경매물건 중 '가등기'라는 단어를 듣게 된다. 가등기란 임시등기라고 이해하면 좋다. 본등기를 할 요건이 갖춰지지 못한 경우에 진짜 등기의 순위를 보전하기 위해 임시로 하는 등기를 말한다. 즉, 채무자가 돈을 못 갚을 경우 본등기가 진행되는 것이다. 가등기에는 소유권이전청구권가등기와 담보가등기가 있다. 입찰하려는 경매물건에 가등기가 선순위로 자리하고 있다면 낙찰자가 인수할 수도 있다. 그래서 선순위 가등기 물건은 경매물건 중 어려운 권리에 속한다. 그러나 선순위 등기되어 있는 가등기라도 등기의 종류에 따라 인수하지 않아도 되는 것이 있다. 따라서 잘 살펴보면 의외로 좋은 결과를 얻을 수 있다.

토지별도등기

집합건물은 토지와 건물이 일체가 되어 거래되도록 하며 토지에는 대지권이라는 표시만 있고 모든 권리 관계는 전유 부분의 등기기록에만 기재하도록 하고 있다. 건물을 짓기 전에 토지에 저당권 등 제한물권이 있는 경우 토지와 건물의 권리관계가 일치하지 않으므로 건물등기 기록에 '토지에 별도의 등기가 있다'는 표시를 한다.

가등기의 두 가지 성질에 대해 설명하겠다.

가등기와 가처분의 차이

구분	가등기	가처분
목적	본등기를 위한 순위보전	처분 금지
신청권자	매도인과 매수인의 합의에 의하여 신청	채권자가 일방적으로 신청
신청대상	매매계약을 체결한 부동산	취득시효가 완성된 부동산, 명의신탁부동산, 소유권 유보, 양도담보목적물, 중도금까지 지급한 부동산, 사해행위 취소소송의 목적물
효과	가등기 후 이루어진 가압류, 압류, 강제경매, 근저당, 전세권, 증여, 소유권 이전, 가처분 등은 등기 시 모두 직권말소의 대상이 됨	가처분 후 처분행위(근저당권, 전세권, 가등기, 소유권 이전 등)와 집행행위(가압류, 압류)는 가처분권자가 승소하면 가처분권자의 단독말소 신청에 의하여 모두 말소됨(단, 소유권 이전등기청구권에 관한 가처분에는 우선적 효력이 없기 때문에 가처분 후에 행해진 가압류, 압류도 유효함)

소유권이전청구권가등기는 일반적으로 부동산 거래 중 매수인이 계약금 및 중도금까지 입금을 하고 잔금 시일이 연기되어 구매하려는 부동산에 권리를 묶어두기 위해 설정하는 경우가 많다. 보통 매도자의 이중매매를 막기 위해 행하는 것으로 이해하면 된다. 만약 매도인이 가등기를 해주지 않으면 법원에 가처분명령을 신청해서 단독으로 가등기를 할 수 있다. 가처분명령 신청은 매매계약서 사본을 제출하면 보증금 공탁 없이도 할 수 있다. 이와 같은 선순위 소유권이전청

구권가등기는 경매절차에서 소멸되지 않는다.

반면 담보가등기는 저당권과 유사한 변칙담보라고도 하는데 경매가 진행되면 소멸하는 말소기준권리에 해당한다. 말소기준권리에 해당하는 담보가등기의 경우 채권채무 관계에서 근저당권 설정을 대신해두는 대물변제예약이라고도 한다. 따라서 담보가등기가 되어 있는 경매물건은 안심하고 입찰해도 된다.

주의해야 하는 대항력 있는 임차인 유형

최근 경매시장을 보면 임차인이 점유하고 있는 물건의 비율이 점차 높아지고 있다. 실수요보다 임대수익 목적으로 부동산을 구입하는 사람이 늘어나고 있다는 사실을 방증하는 것이다. 이에 따라 대항력이 있는 임차인에 대한 권리분석의 중요성도 한층 높아지고 있다. 임차인의 대항력이란 임차인이 보증금을 모두 돌려받을 때까지 부동산을 점유할 수 있는 권리다. 주택의 점유와 전입신고가 말소기준권리보다 앞서면 대항력이 인정되며 이와 같은 요건을 갖춘 임차인이 대항력 있는 임차인으로 구별된다.

모든 부동산 거래가 그러하지만 경매에서는 특히 법적 권리분석 관계를 제대로 파악하는 일이 중요하다. 원하는 물건을 낙찰받았더

등기사항전부증명서(말소사항 포함)
- 집합건물 -

고유번호 [illegible]

[집합건물] 서울특별시 은평구 [illegible]

【 표 제 부 】 (1동의 건물의 표시)

표시번호	접 수	소재지번,건물명칭 및 번호	건 물 내 역	등기원인 및 기타사항
1	2012년11월21일	서울특별시 은평구 [illegible] [도로명주소] 서울특별시 은평구 [illegible]	철근콘크리트구조 (철근)콘크리트(평스라브) 지붕 5층 공동주택(다세대주택) 1층 11.83㎡ 2층 120.86㎡ 3층 120.86㎡ 4층 85.68㎡ 5층 68.22㎡ 옥탑1층 10.14㎡(연면적제외)	

(대지권의 목적인 토지의 표시)

표시번호	소 재 지 번	지 목	면 적	등기원인 및 기타사항
1	1. 서울특별시 은평구 [illegible]	대	207㎡	2012년11월21일

【 표 제 부 】 (전유부분의 건물의 표시)

표시번호	접 수	건 물 번 호	건 물 내 역	등기원인 및 기타사항

[집합건물] 서울특별시 은평구 [illegible]

표시번호	대지권종류	대지권비율	등기원인 및 기타사항
2			~~별도등기 있음 1토지(을구 5번 근저당권 설정등기) 2012년11월21일~~
3			2번 별도등기 말소 2013년5월14일

【 갑 구 】 (소유권에 관한 사항)

순위번호	등 기 목 적	접 수	등 기 원 인	권리자 및 기타사항
1	소유권보존	2012년11월21일 제6[illegible]4호		소유자 [illegible]
2	소유권이전	2013년7월25일 제3[illegible]2호	2013년7월17일 매매	소유자 [illegible] 거래가액 금175,000,000원
3	소유권이전	2013년12월9일 제6[illegible]2호	2013년11월30일 매매	소유자 [illegible]
4	압류	2015년3월19일 제1[illegible]8호	2015년3월18일 압류(개인납세1과-[illegible])	권리자 국 처분청 강남세무서
5	압류	2016년3월7일 제1[illegible]9호	2016년3월3일 압류(세무2과-4[illegible])	권리자 서울특별시은평구
6	~~임의경매개시결정~~	~~2016년6월15일~~	~~2016년6월15일~~	~~채권자 은평공영신용협동조합 [illegible]~~

등기부등본 사례

라도 변제의 우선순위를 확보하고 있는 이들이 권리를 행사한다면 수익을 내기는커녕 손해를 볼 수 있는 상황이 생기기 때문이다. 경매 투자자들이 주의해야 하는 대항력 있는 임차인별 유형을 살펴보면 다음과 같다.

첫 번째는 임차인이 전입신고, 확정일자, 배당요구를 모두 제대로 마친 경우다. 이때는 임차인이 보증금을 모두 배당받을 수 있어 매수인이 인수하는 부담이 없어진다. 그럼에도 불구하고 대항력이 있는 임차인이 있다는 사실만으로 입찰경쟁이 상대적으로 줄어들고 따라서 입찰가가 하락할 수 있다. 일반 국민들의 법무 상식 수준이 올라가고 인터넷 등을 통해 상식 보급이 확대되고 있어 요즘 대부분의 세입자들은 전세금이나 임대보증금을 우선 확보할 목적으로 전입신고를 하고 확정일자까지 받는 등 안전장치를 하는 추세다. 이 경우에도 낙찰가가 임차인 보증금보다 낮거나 체납된 각종 세금이 많다면 대항력 있는 임차인으로부터 못 받은 배당금을 매수인이 인수하게 될 수 있으니 참고해야 한다.

두 번째는 대항력 있는 임차인이 전입신고, 배당요구를 했지만 확정일자가 없거나 늦은 경우다. 이때는 미배당 보증금 전액이 매수인에게 인수된다. "물권은 채권보다 우선한다"는 법 조항이 있어, 채권이 물권과 동등한 입장에서 순위를 결정하려면 확정일자를 받아야 한다. 보통 전입신고를 하면서 동시에 확정일자까지 받는데 전입신고만 먼저하고 확정일자는 뒤늦게 받는 경우가 있다. 확정일자가 없거나 물권보다 늦은 후순위 권리라면 배당순위가 뒤처져 못 받은 보증금을 낙찰자가 떠안아야 하는 것이다. 확정일자에 대한 상식이 보편화되어 있기 때문에 이 같은 상황이 실제 벌어지는 경우는 지극히 드물다. 하지만 여전히 이 같은 상황이 존재하므로 주의해야 한다.

세 번째는 대항력 있는 임차인이 전입신고를 하고 확정일자를 받았으나 배당요구를 안 한 경우다. 이 경우 임차인이 배당 요구를 하지 않았기 때문에 보증금 전액을 매수인이 인수해야 한다. 대항력 있는 임차인이 배당요구를 하지 않은 경우는 두 가지다. 하나는 임대차계약기간 동안 충분히 살고 나가는 상황이라 새로 변경된 집주인으로부터 보증금을 반환받기 위한 배당을 요구하지 않는 경우다. 다른 하나는 배당 기일을 놓쳐 배당을 받지 못하는 경우로 실제 종종 일어난다. 이렇게 배당을 신청하지 않는 임차인은 낙찰자가 보증금을 물어줘야 하기 때문에 낙찰가 외로 임차인에게 보증금을 물어줄 것을 고려하여 입찰가를 책정하는 것이 기본이 된다.

네 번째는 대항력 있는 임차인이 전입신고를 하고 확정일자를 받았으나 배당요구를 늦게 한 경우다. 이때는 배당요구 신청일이 배당요구 종기일보다 늦으면 배당요구를 하지 않는 것으로 간주하고 배당을 하지 않게 된다. 따라서 세 번째 상황과 같이 보증금을 전액 매수인이 인수하게 되니 각별한 주의가 필요하다. 반면 매수인 입장에서 대항력 없는 임차인은 크게 중요하지 않다. 왜냐하면 후순위 임차인은 낙찰자에게 대항할 수 없어 입찰가만 생각하고 경매에 참여하면 되기 때문이다. 단, 이런 경우가 있을 수 있다. 소유자의 배우자나 직계가족으로 임차인이 설정될 수 있다. 이 경우 최초 근저당권자, 즉 금융사에서 무상임대차 계약서를 받고 근저당이 설정되기 때문에 최초 설정된 근저당권자에게 문의하여, 무상임대차 계약을 확인한 후 경매 입찰에 참여하면 된다.

채권계산서

채권자는 배당요구의 종기까지 법원에 그 채권의 원금, 이자, 비용 기타 부대채권의 계산서를 제출해야 한다. 채권자가 계산서를 제출하지 아니한 경우 법원은 배당요구서 기타 기록에 첨부된 증빙서류에 의하여 채권액을 계산하게 되며, 배당요구의 종기 이후에는 채권액을 보충할 수 없게 된다.

PART
03

이제는 실전, 직접 발품을 팔아라

부동산 경매 수익률 분석하는 방법

시세조사에 임하는 감정평가사들은 법원 경매에 나오는 물건의 감정가를 최대한 높게 책정하려는 경향이 강하다. 낙찰가를 높여 많은 채권자들에게 빠짐없이 배당하려는 의도를 갖고 있기 때문이다. 그러니 투자자들은 경매물건의 감정가를 맹신하지 말고 실제 부동산 물건이 현재 어느 정도 가격에 형성되어 있는지를 냉철하게 따져 봐야 한다. 감정가가 현재 시세보다 낮게 형성되어 있는 물건을 찾았다면 바로 그 감정가로 입찰에 참여하면 되지만 반대로 물건이 현 시세보다 높게 측

기일입찰

경매 매각 방법의 하나로 정해진 매각기일에 경매 법정에 출석하여 입찰표와 매수 신청 보증을 제출하는 방식으로 진행된다. 매수 희망자로 하여금 입찰 가격을 기재한 입찰표를 제출하게 하고 개찰하여 최고액의 입찰가격을 기재한 입찰자를 최고가 매수 신고인으로 정하게 된다.

정되어 있다면 1회에서 2회 유찰된 후에 수익률을 분석하여 입찰하면 된다. 유찰되는 횟수가 많을수록 투자자들이 수익을 챙길 수 있는 여지는 커지게 된다.

아무리 좋은 물건이라도 수익률 분석에 오류가 생기면 원하는 수익을 만드는 데 리스크가 발생할 수 있다. 따라서 수익률을 분석하는 기준을 꼭 알고 있어야 한다. 꼭 수익률을 분석하여 체크해야만 하는 항목이 몇몇 있다. 그 항목에 대해 살펴보자.

취득세를 계산하고 입찰에 임하라

첫째는 취득세 계산을 하고 입찰에 임해야 한다는 점이다. 6억 원 이하로 전용면적 85㎡ 이하의 주택인 경우 취득세는 거래가의 1%이고, 여기에 지방교육세 0.1%가 더해진다. 둘을 합쳐 1.1%를 부담해야 한다. 하지만 전용면적이 85㎡를 초과하는 경우에는 세율이 변한다. 취득세 1%는 동일하지만 농어촌특별세 0.2%와 지방교육세 0.1%가 더해져 합계 1.3%를 세금으로 내게 된다. 전용면적 84㎡ 이하는 국가가 정한 국민주택이다. 이 면적 이하가 보통의 국민이 거주하는 수준이라고 정해놓은 것이다. 따라서 이 면적을 기준으로 세금 부과율이 변한다.

예를 들어, 본인이 취득하고자 하는 경매물건이 1억 원이며 전용면적 85㎡ 이하일 때 1.1%인 110만 원의 취득세를 내야 한다는 사실

자료: 네이버 계산기

을 감안하고 경매입찰에 참여해야 한다. 요즘은 간편하게 취득세를 계산해주는 스마트폰 무료 앱도 많다. 그러니 꼭 취득세를 확인한 후 입찰에 참여해야 한다. 낙찰을 받으면 우선은 소유권을 내 명의로 변경하는 절차를 진행해야 하고 그러자면 취득세와 등록세를 납부해야 하는 것은 당연하다. 경매로 낙찰받은 물건에 대해서는 취득세와 등록세를 내지 않아도 되는 것으로 오인하는 사람들이 의외로 많다. 경매 낙찰을 통해 부동산을 취득한 경우에도 취득세와 등록세를 납부하는 것은 마찬가지다.

명도비용 및 인테리어비용을 감안하라

둘째는 명도비용 및 인테리어비용을 감안해야 한다는 점이다. 이사비용과 수리비용을 생각해야 한다는 말이다. 명도비용, 즉 이사비용을 지급하는 것은 법적 의무사항이 아니다. 하지만 이사비용을 지불함으로써 원만한 명도를 하게 되면 기대했던 수익보다 큰 수익을 얻는 경우가 많다. 명도비용으로 얼마를 지급해야 하는지에 대해서는 정해진 바가 없다. 명도비용을 지급하는 것은 상대를 위하는 것처럼 보일 수 있지만 실상 낙찰된 물건을 빨리 처리할 수 있다는 점에서 보면 낙찰자 자신을 위한 지출이라고 볼 수 있다. 장기적으로 따져보았을 때 추가적인 이익을 만들 수 있기 때문에 반드시 명도비용을 고려하여 입찰가를 선정하기 바란다.

또한 낙찰받은 부동산의 비워진 상태를 봐야 수리해야 할 항목이 제대로 발견되기 마련이다. 하루라도 빨리 세입자를 구하거나 매도를 성사시키기 위해서는 벽지, 장판, 화장실, 조명 등 적절한 수리가 이루어져야 한다. 당장은 수리비를 지출하지만 수리로 인해 더 큰 수익을 만들 수 있다고 생각해야 한다. 그러니 응찰을 준비할 때 인테리어비용을 산출하여 응찰 가격을 책정해야 한다. 시설물이 고장났거나 파손된 경우는 부동산의 가격을 하락시키는 요인이 된다. 적절한 비용을 투자해 수리하고 보수하면 투입된 비용 이상의 가격을 보장받을 수 있다. 그러니 낙찰받은 물건의 불편한 점, 불결한 점 등을 기본적으로 살피고 말끔히 수리해서 임대를 놓거나 매도를 시도하는 것이 절대적으로 유리하다. 수리비용을 계산한 후 응찰해야 하는 이유다.

경매 낙찰 이후 법무비용을 감안하라

셋째는 경매 낙찰 이후 법무비를 감안해야 한다는 점이다. 경매를 진행하면 법무사의 역할이 필요한 부분이 있다. 법무비라고 하면 경락잔금대출을 통해 대금납부, 채권말소비용, 송달료, 세금대리납부 등 경매 입찰 후 전체적인 공정을 대리하여 진행해주는 비용을 말한다. 법무비 견적에는 법무사 서비스 비용이 다수 포함되어 있기 때문에 고정적이지 않고 유동적이다. 최소 10군데 이상의 법무사무소로부터 법무비 견적서를 받아보고 더 합리적인 법무비를 제시하는 곳과 계약을 체결하면 된다. 법무비 절감을 위해 전체 법적 공정을 직접 처리하는 이들도 있지만 만만치 않은 시간과 노력을 기울여야 하기 때문에 대개는 법무사의 도움을 통해 절차를 처리하곤 한다.

대출이자를 감안하라

넷째는 경매물건을 낙찰받고 경락잔금대출을 받은 이상 임대를 놓는 기간 혹은 공실상태에서 매도하는 기간을 대략적으로 예상하여 이 기간에 부담해야 할 대출이자를 책정해야 한다. 경매 낙찰 후 즉시 세입자를 구하거나 바로 매도가 되면 대출이자를 생각할 필요가 없지만 통상적으로 낙찰받은 물건에 3개월 정도 대출이자를 지불할 수 있도록 여분의 자산을 가지고 입찰에 참여해야 한다. 물론 그 이상의 시간이 소요될 수도 있다. 그러니 이자비용을 꼭 염두에 두고 계산하여 이를 반영한 가운데 응찰해야 한다. 공실상태가 지속되면 이자도 만만치 않은 부담이 된다. 그러니 이 문제를 꼭 생각하고 있어야 한다.

양도소득세를 감안하라

마지막으로 부동산 취득 후 매도 시 양도소득세 부분을 감안해야 된다. 양도소득세는 "토지나 건물 등의 부동산을 다른 사람에게 양도했을 때 발생하는 소득에 대해서 발생하는 세금"이다. 1년 미만 단기 매도 시 양도소득세는 양도차익의 50%이며. 그 외 보유기간이 길어질수록 세율은 줄어들게 된다. 단기 매매의 경우 투기를 목적으로 한 거래일 수 있다는 이유로 징벌적 과세가 매겨진다. 이 매도차익에 목

양도소득세 세율 인상안

<table>
<tr><th colspan="2" rowspan="2">구분</th><th colspan="3">현행</th><th>12.16 대책
(2019년)</th><th colspan="2">수정</th></tr>
<tr><th>주택 외
부동산</th><th>주택·
입주권</th><th>분양권</th><th>주택·
입주권</th><th>주택·
입주권</th><th>분양권</th></tr>
<tr><td rowspan="3">보유기간</td><td>1년 미만</td><td>50%</td><td>40%</td><td rowspan="3">조정대상지역은
50%,
기타지역은
기본세율</td><td>50%</td><td>70%</td><td>70%</td></tr>
<tr><td>2년 미만</td><td>40%</td><td>기본세율</td><td>40%</td><td>60%</td><td rowspan="2">60%</td></tr>
<tr><td>2년 이상</td><td>기본세율</td><td>기본세율</td><td>기본세율</td><td>기본세율</td></tr>
</table>

※매물 유도를 위해 2021년 종부세 부과일(2021.06.01.)까지 시행 유예
- (단기 양도차익 환수) 2년 미만 단기 보유 주택에 대한 양도소득세율 인상
  (1년 미만 40% → 70%, 2년 미만 기본세율 → 60%)

※ (다주택자 중과세율 인상) 규제지역 다주택자 양도세 중과세율 인상
- 기본세율(6~42%) + (10%p(2주택) 또는 20%p(3주택 이상)
  → 20%p(2주택) 또는 30%p(3주택 이상)

※ 다주택자 양도세 중과·장특공 배제(2주택 +20p, 3주택 +30%)

※ 분양권전매 시 양도세율 50%

※ 2주택 이상 보유자 종부세 추가과세(+0.6%~2.8%p 추가과세)

※ 일시적 2주택자의 종전주택 양도기간(1년 이내 신규주택 전입 및 1년 이내 양도)

※ 1주택 이상자 신규 취·등록 임대주택 세제혜택 축소(양도세 중과, 종부세 합산과세)

적을 두고 부동산 경매에 참여했다면 양도소득세를 제외하고도 자신이 원하는 목표수익에 도달하는지를 파악하고 난 후 경매 입찰가를 선정해야 한다. 양도세는 투자자의 수익을 가장 치명적으로 줄이는 원인이 될 수도 있으므로 각별히 신경 써야 한다.

다행히 양도소득세를 줄일 수 있는 방법은 다양하게 존재한다. 1년간 보유하면 250만 원의 기본공제를 받을 수 있는 것은 물론 취득세 및 등록세, 교체 및 수리비용, 중개수수료 등으로 발생한 지출도 공제받을 수 있다. 그러니 해당 항목으로 지출된 사항을 꼼꼼히

일반 매매 VS 부동산 경매 수익률 비교(월세 30만 원/보증금 500만 원일 경우)

구분	일반 매매	부동산 경매
18평 빌라(6,000만 원)	10% 급매 5,500만 원	40% 유찰 3,600만 원
기타 비용	100만 원	200만 원(수리비 포함)
대출금	70%/3,850만 원	70%/2,500만 원
월세 보증금	500만 원	500만 원
실제 투자금	2,800만 원	300만 원
1년 월세 수익	360만 원	360만 원
1년 대출이자 4% 가정	90만 원	120만 원
실제 수익	270만 원	240만 원
수익률	약 9%	약 80%

※ 일반 매매 대비 부동산 경매 수익률 70% 이상

체크해두고 영수증도 잘 보관해야 한다. 공제받을 수 있는 지출 항목을 챙기지 못하거나 영수증을 잘 보관해두지 않으면 그 비용이 모두 투자자의 수익으로 계산되어 그만큼 많은 액수의 양도세를 납부해야 한다. 부동산과 관련된 모든 투자의 관건은 세금을 얼마나 효율적으로 줄이느냐가 된다.

지금까지 부동산 경매 입찰 전 원하는 수익률을 만들기 위해 꼭 챙겨야 할 항목들을 소개했다. 소개한 사항은 필수 항목들이므로 낙찰을 받고도 수익이 안 나오는 불상사를 피하려면

소제주의
경락허가에 의해 부동산의 모든 부담이 없어지면 경락인이 완전한 소유를 인정받게 된다는 주의를 말한다.

꼭 해당 수지분석을 해야 한다. 잘 활용하여 원하는 수익에 도달하기 바란다. 모든 투자가 그러하듯 투자와 관련된 법적 사항과 세금 부분 등을 빈틈 없이 챙겨야 불필요한 지출을 막을 수 있다. 불필요한 지출을 막아낸다는 것은 그만큼 수익을 더 많이 챙길 수 있다는 것과 같다. 이러한 내용을 숙지하고 실전에 반영해야 한다. 대충 하면 된다는 생각으로는 원하는 수익을 발생시킬 수 없다.

어떤 아파트를 선택해야 할까?

아파트는 단지별로 선호도가 뚜렷하게 엇갈린다. 같은 단지 내에서도 동수나 호수에 따라 선호도가 엇갈리기도 한다. 대체 어떤 아파트는 구매해야 하고, 어떤 아파트는 피해야 하는지 알아보자. 일반 매매거래나 경매 투자나 마찬가지다. 입지조건이 좋은 아파트일수록 선호도가 높고 그런 만큼 높은 가격을 받을 수 있다. 그러니 선호도가 높은 아파트를 구분할 줄 알아야 한다.

모든 편의시설의 중간에 위치한 동

첫째, 아파트는 모든 편의시설의 중간에 위치한 동을 선택하는 것이 좋다. 예를 들어, 똑같은 단지 내에 20평형 아파트 두 채가 있어도 동의 위치에 따라 1,000~2,000만 원 시세 차이가 발생될 수 있다. 이유는 동의 위치 때문이다. 대개는 층에 대한 선호도에서만 차이를 보이는 것으로 알고 있지만 동의 위치에 따른 선호도에서도 큰 차이를 보인다.

대형마트에 가까운 단지가 있고 공원이 가깝고 조망이 좋은 단지가 있다. 어느 동의 선호도가 높고, 가격대가 비쌀까? 보통 구매자의 나이와 직군에 따라 조금씩 다른 선호도를 보인다. 공원이 가까운 곳을 선호하기도 하고, 마트가 가까운 곳을 선호하기도 한다. 놀이터가 바로 앞에 있는 동을 선호하기도 한다. 독서실이나 운동시설이 얼마나 가까운지를 놓고 선호도가 엇갈리기도 한다. 선호도는 개인 취향이나 가족 구성원의 연령에 따라 달라질 수 있다. 그러니 모든 편의성에서 크게 뒤지지 않는 중간 위치 아파트가 무난하다. 선호도가 높은 무난한 동을 로얄동이라고 부른다. 따라서 경매 임장활동을 통해 직접 확인해야 자신이 원하는 위치를 찾을 수 있다. 지도만 놓고 판단하기보다는 직접 현장에 나와서 제대로 입지조건을 분석해야 한다.

초등학교가 도보로 10분 거리에 있는 아파트

둘째, 초등학교가 도보로 10분 정도 거리에 위치해 있는 아파트를 선택해야 한다. 중학생, 고등학생의 경우 직접 대중교통을 이용하여 통학할 수 있지만 초등학생의 경우 도보로 이동하기 때문에 무조건 집과 학교가 가까워야 한다. 부모들은 초등학생이 먼 거리를 이동해 학교에 다니는 환경을 원치 않는다. 특히 횡단보도를 건너지 않고 학교에 갈 수 있는 환경을 선호한다. 따라서 아파트 단지와 인접한 곳에 초등학교가 있는지 반드시 파악해야 한다. 부동산 업계에서는 '초품아'라 하여 초등학교를 품은 아파트면 금상첨화로 생각하고 점수를 부여한다. 이 또한 꼭 살펴보아야 할 부분이다.

아파트 선택의 기준

선택해야 할 아파트	피해야 할 아파트
마트+조경+학원+ 역사 기준으로 센터에 있는 아파트	구매하려는 지역의 평균 아파트 평단가 이하일 경우
좋은 학군(초등학교, 중학교, 학원가)	초등학교 도보 10분 이상 거리
10년차 이내의 새 아파트	준공 후 20~25년(재건축 시기 및 낙후 정도)
세대수 500세대 이상	세대수 100세대 미만(저세대일 경우 인프라 저하)
직장까지 30분 이내 거리	지하철 도보 10분 이상 거리
훌륭한 자연환경 및 주변 뷰	부족한 주차 공간

건축된 지 10년 이내인 새 아파트

셋째는 건축된 지 10년 이내인 새 아파트를 유심히 봐야 한다는 것이다. 요즘 재개발 및 재건축이 많이 더뎌지고 있어, 새 아파트를 선호하는 경향이 강해지는 추세다. 건축술이 발달하면서 기축아파트와 신축아파트 간의 각종 편의시설 격차는 점차 벌어지고 있다. 새 아파트의 경우 기존 아파트에서는 상상도 못할 편의시설이 갖춰지는 경우가 많다. 따라서 신축에 대한 선호도는 점차 높아질 수밖에 없다. 새 아파트가 아니라면 아예 30년 이상 된 아파트가 높은 선호도를 보인다. 지은 지 30년 이상 된 아파트의 경우 안전진단을 통해 재건축 가능 판정을 받으면 값이 순식간에 오르기 때문이다. 재건축을 할 수 있다는 기대감도 작용한다. 이에 반해 20~25년차 아파트는 10년 정도 더 보유해야 재건축이 가능하고 그때 가서 또 10년을 바라봐야 할 가능성도 있다.

도보로 10~15분 거리에 지하철이 있는 아파트

넷째는 교통편의성을 따져야 한다. 아파트와 도보로 10~15분 거리에 지하철이 없다면 우선 기피해야 한다. 대한민국 사람들은 교통에 따라 직주근접 아파트를 선택하기에 교통 편의성이 떨어지면 환금성이 떨어질 수 있다. 단지별 길이에 차이가 있지만 출입구에서

200m 안쪽으로 지하철역이 있으면 초역세권, 500m 안쪽이면 역세권, 800m나 1㎞ 안쪽이면 준역세권이다. 초역세권은 지하철 소음 등이 단점으로 작용한다. 그래서 역세권이나 준역세권을 선택하는 것이 현명하다.

최소 500세대 이상으로 구성된 아파트

다섯째는 최소 500세대 이상으로 구성된 아파트를 선택해야 한다는 것이다. 같은 동네 아파트라고 해도 세대수에 따라 선호도 및 가격이 달라진다. 단지 규모가 대단지이면서 대기업이 시공한 아파트일수록 선호도가 높다. 대단지일수록 다양한 편의시설이 잘 갖춰져 있기 때문이다. 일정 세대수가 넘게 되면 의무적으로 갖춰야 할 시설들이 구비될 수밖에 없다. 관리비의 경우도 대단지가 군소단지에 비해 저렴한 편이다. 또 동간 거리를 유심히 봐야 한다. 동간 거리가 좁으면 단지 전체가 답답하기도 하고 저층이라면 어두워서 살기가 불편할 수 있다. 또한 바람이 갇혀 있게 되어 여름에는 많이 덥다. 따라서 앞면이 최대한 개방되어 있고, 동간 거리가 넓은 아파트를 선택해야 한다.

매도차익 or 임대수익, 어떤 것이 좋을까?

로테이션 과정으로 진행하라

경매 낙찰받은 물건을 매도하여 차익을 남길 것인지, 임대를 놓아서 꾸준히 수익을 얻을 것인지를 결정하는 일은 쉽지 않다. 시대적 상황이나 지역적 상황에 따라 차이가 발생하는 것은 물론이고 경매를 하는 개인의 경제 환경에 따라 다른 선택을 할 수 있기 때문이다. 정년퇴직을 앞두고 있고 매월 고정적인 수익이 필요한 경우 혹은 프리랜서 활동으로 일정한 소득이 발생하지 않는 경우라면 임대수익을 선호한다. 임대를 통한 수익의 장점은 아무런 노력을 기울이지 않고, 즉 일하지 않고도 정해진 수입을 갖게 된다는 점이다. 많은 사람들이

임대와 매도 비교

임대수익	매도수익
• 정년퇴직을 앞두고 매월 고정적인 수익이 필요한 경우 • 프리랜서 활동으로 일정한 소득이 발생하지 않는 경우 • 개인 비즈니스를 하며 수입이 일정하지 않은 경우	• 매월 일정한 수익이 발생되면 시세 차익형의 비중을 높여야 함 • 5건 입찰 및 매도 시 현금 흐름 때문에 7:3 비율로 매도차익 진행 • 호재 사항, 지역별 공급량, 해당 매물의 저평가 여부 등을 밀도 있게 확인하여 단기적 매도차익을 만들어야 한다.

임대를 통해 안정적인 수입 갖기를 희망한다. 일 안 해도 들어오는 고정수입은 생각만 해도 흐뭇한 일이다.

반면 매월 일정한 수익이 발생되거나 경제적인 여유가 있다면 시세 차익형 부동산 재테크에 비중을 높여야 한다. 그렇게 단기매도를 통해 현금 흐름이 지속적으로 발생되어야 단기간에 많은 부를 축적할 수 있다. 또한 부동산 임대와 달리 단기매도를 할 경우 각종 호재, 재개발, 주변 부동산의 수요와 공급 현황 등 많은 정보를 습득해야 하기 때문에 단기간에 부동산 투자 스킬이 상승할 수 있다. 부동산 경매의 이상적인 투자 형태는 임대수익 30% 및 매도차액 70% 비중을 두고 부동산 경매로 영리한 재테크를 해나가는 것이다. 이후 임대한 부동산의 1년이나 2년 계약이 끝나고 양도소득 구간이 일반세율로 적용되는 시점에 바로 매각을 하고 또다시 임대할 물건은 낙찰받는 것이다. 이런 식의 로테이션 과정으로 진행하는 것이 가장 이상적

국내 주요은행 투자부동산 현황

항목		장부금액	임대수익
국민은행	2020년	891억 600만 원	15억 8,800만 원
	2021년	976억 5,100만 원	44억 770만 원
신한은행	2020년	6,100억 8,500만 원	274억 6,000만 원
	2021년	6,028억 3,500만 원	242억 3,600만 원
우리은행	2020년	5,224억 5,100만 원	262억 5,800만 원
	2021년	5,271억 1,150만 원	268억 3,800만 원
하나은행	2020년	6,159억 9,800만 원	82억 8,200만 원
	2021년	7,906억 8,900만 원	83억 4,300만 원

자료: 금융감독원

이라고 할 수 있다.

단기 매매에 집중한 후 임대로 옮겨가라

임대수익을 올리는 것과 매도를 통해 차익을 챙기는 것 중 무엇이 낫다고 말할 수는 없다. 개인의 성격에 따라 선호도가 다를 수 있고, 자신이 처한 상황에 따라 받아들이는 게 다를 수 있기 때문이다. 새로운 투자를 지속적으로 이어가려면 수익을 챙겨 투자금을 마련하는 것이 좋겠지만 안정적인 고정수입을 원한다면 임대를 통해 그 수입을 보장받는 것이 옳다. 임대나 매매는 모두 나름의 강점이 있다. 부동산 거래 가격과 임대 가격이 꾸준히 상승하는 우리나라의 특성을 고려하면 어떤 선택을 하더라도 손해 볼 일은 없다. 자신의 자금 상황을 충분히 고려해 둘 중 한 가지를 선택하면 된다.

일반적으로 경매의 고수들이 경매에 처음 입문하는 초보투자자들에게 권하는 투자방식은 일정액의 투자금을 만들 때까지는 단기 매매에 집중하라는 것이다. 단기 매매를 통해 투자금을 조금씩 축적해가면서 목돈을 만들고 그 자금으로 나중에 임대수익을 올릴 수 있는 물건을 확보하는 것이 일반적인 투자방법이라고 소개한다. 실제로 경매도 투자인 만큼 넉넉한 투자금을 갖고 있어야 안정적으로 투자를 이어갈 수 있다. 그러려면 투자금을 일정액만큼 만들 때까지는 단기 매매에 집중하는 것이 가장 좋은 투자방법이다. 그 이후에 장기 매매나 임대를 고려하는 것이 옳다. 개인이 처한 상황에 따라 다르겠지만 일반적으로 단기 매매에 집중한 후 임대로 옮겨가며 양자의 비율을 조정하는 것이 이상적이다.

수익률은 현장조사 임장 여부에 따라 달라진다

직접 가서 보지 않으면 모른다

부동산 경매 수익을 올리고 못 올리고의 차이는 현장조사, 즉 얼마나 경매물건지에 가서 발품을 팔았느냐에 달려 있다. 아무리 같은 아파트라고 해도 선호도에 따라, 동이나 층에 따라 가격에 차이가 있다. 1층의 경우 조망이 좋지 않은 데다 사생활이 노출될 가능성이 크다는 이유로 중층이나 고층에 비해 저평가된다. 탑층의 경우도 겨울에는 춥고 여름은 더울 수 있다는 생각 때문에 역시 저평가되는 경향이 있다. 신축아파트의 경우에는 단열기술이 고도화되면서 탑층이 저평가받는 일이 거의 없다. 똑같은 평수라 해도 지하철역 및 기차역, 대로변에 인접되어 있으면 소음이 심해 동일 아파트보다 1,000~2,000만 원의 매도 차이가 발생될 수 있다. 이밖에도 아파트의 가격 차이를 발생시키는 요인은 많다.

추가적으로 아파트 출입구와 인접되어 있거나, 각종 편의시설에 근접해 있을수록 부동산 매매가격이 높게 책정되는 것은 당연하다. 그 외 알파룸이나 베타룸 배치 여부, 동간 거리, 전망 조망권, 일조권이 뛰어난 것이 장점으로 작용해 상대적으로 높은 가격을 보장받을 수 있다. 이 모든 것들은 인터넷으로 알아보는 데 한계가 있기 때문에 직접 해당 물건지로 가서 보고 물어봐야 된다. 경매에 참여할 때는 반드시 물건지를 직접 임장하여 꼼꼼한 조사를 통해 최종 수익률이 나오는 이상적인 입찰 가격을 만들어내야 한다. 지도나 로드뷰로만 파악한 장단점은 실제와는 차이가 있을 수 있다. 현장에 나가 보면 온라인에서 찾지 못한 결정적인 단점이 확인되거나 생각지도 못한 장점이 발견되기도 한다.

현장 자체를 즐겨라

또한 그 지역의 각종 호재와 아파트의 장단점을 제대로 파악하지 못해 높은 금액에 낙찰받기도 한다. 같은 아파트에 같은 평수라고 해도 위치에 따라 1,000~5,000만 원의 매매가격 차이가 발생한다. 그

• 인천지방법원 본원 • 매각기일 : 2019.09.20(金) (10:00) • 경매 18계(전화:032-860-1618)

소재지				
새주소				
물건종별	아파트	감정가	210,000,000원	오늘조회: 11 2주누적: 192 2주평균: 14
대지권	22.793m²(6.895평)	최저가	(70%) 147,000,000원	
건물면적	59.7m²(18.059평)	보증금	(10%) 14,700,000원	
매각물건	토지·건물 일괄매각	소유자		
개시결정	2018-09-07	채무자		
사건명	임의경매	채권자		

구분	입찰기일	최저매각가격	결과
1차	2019-08-09	210,000,000원	유찰
2차	2019-09-20	147,000,000원	

• 매각물건현황 (감정원 : 대화감정평가 / 가격시점 : 2018.09.13 / 보존등기일 : 2000.05.03)

목록	구분	사용승인	면적	이용상태	감정가격	기타
건물	20층중 5층	00.03.25	59.7m² (18.06평)	주거용	126,000,000원	
토지	대지권	47772.1m² 중 22.793m²			84,000,000원	

아파트 임장조사 사례

것도 모른 채 항상 기준을 호가, 즉 매도자가 팔기 원하는 가격으로 생각하고 높은 가격에 낙찰을 받아 낭패를 볼 수 있다. 발품을 팔아 얻은 정보는 그 어떤 것보다 정확하다. 이들은 국토해양부의 아파트 실거래가, 네이버 부동산시세에서는 쉽게 알아낼 수 없는 귀중한 정보다. 귀찮아서 임장 나가는 것을 한번이라도 포기하면 그 피해는 몇 곱절이 될 수 있다. 경매 투자자는 현장 자체를 즐길 줄 알아야 한다.

현장에서 답을 찾는 습관을 들여야 한다.

경매는 작은 실수 하나로 열심히 모은 종잣돈을 한 번에 날릴 수 있기에 신중한 재테크를 해야 한다. 그래서 무조건 임장조사를 통해 정확한 확신을 얻고 입찰에 임해야 한다. 추가적으로 임장활동 시 낙찰받을 물건지 주변에 혐오시설이 있는지 검토할 필요가 있다. 일반적으로 사람들이 꺼리는 혐오시설은 장례식장, 쓰레기처리장, 유해공장 등이다. 소음을 유발하거나 유해물질을 발생시키는 시설은 모두 피해야 한다. 주변에 입지한 유해시설은 여간해선 이전시키기가 쉽지 않다. 그러니 주변에 유해시설이 있는 주택을 낙찰받으면 가격이 상승하기 어렵거니와 훗날 매매에 나서도 매수자를 구하기 어렵다. 누구라도 쾌적한 환경에서 살고 싶어 하는 것은 당연한 이치다.

경매는 일반 매매가보다 20~50% 저렴한 가격에 낙찰받을 수 있는 만큼 수익이 보장되는 재테크라 할 수 있다. 하지만 수익을 내지 못하거나 오히려 손해를 보는 경우도 있다. 권리분석을 제대로 하지 못해 발생하기도 하지만 대개는 임장활동을 제대로 하지 못한 데서 비롯된다. 임장활동을 제대로 하지 못하면 물건이 갖고 있는 결정적 하자나 단점을 제대로 파악할 수 없게 된다. 훗날 매매나 임대를 위해 매물을 내놓아도 제때 수요자를 만나지 못하는 경우가 있다면 그것은 그 물건이 갖고 있는 결정적 하자나 단점 때문이다. 하자나 단점을 제대로 파악하지 못했다는 것은 임장활동이 그만큼 부실했다는 것을 의미한다.

부동산 중개업소의 정보를 활용하라

경매물건 문의하러 갈 때 어떻게 대응할까?

임장조사가 마무리되면 경매물건지 주변 부동산에 들러 급매가를 산출해야 한다. 이때 부동산에 경매물건을 문의하러 갈 때 부동산 담당자의 반응은 크게 세 가지로 나뉜다.

첫째 유형은 무시하며, 묻는 말에 대답조차 하지 않는 경우다. 혹은 "바쁘니까 나중에 오세요"라며 대놓고 무시하는 듯한 반응을 보이기도 한다. 그 이유는 경매하는 사람들은 당장 고객이 되지 않는다는 생각을 하기 때문이다. 그러니 당장 자신에게 아무런 이익이 되지 못하는 사람이라고 생각하여 묻는 말에 대답하지도 않고 무시할 수 있

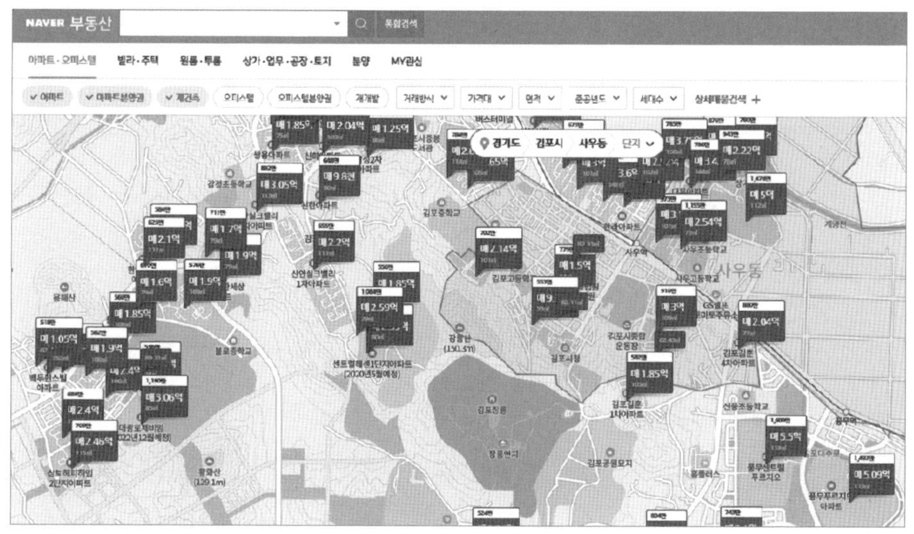

부동산 물건 정보

다. 이럴 때 대답 안 하는 부동산 중개업소와 실랑이를 할 필요는 없다. 과감하게 나와서 다른 부동산을 방문해 정보를 수집하면 된다. 부동산 중개업소는 얼마든지 있기 때문이다.

둘째는 시큰둥하게 말을 하며, 물어보는 말에 단답형으로 대답하는 경우다. "이 집이 이 정도 가치가 되는 것 같은데 맞는 건가요?"라고 물으면 "네" 이런 식으로 짧게 대답한다. 이 또한 낙찰자가 곧바로 고객으로 연결되지 않을 거라고 생각하는 것이다. 또한 부동산중개업소 관계자들은 부동산 경매를 하는 사람들이 해박한 부동산 상식을 갖고 있고, 물건지의 주변 상황에 대해서도 잘 알고 있다고 생각하는 경우가 많다. 그래서 탐탁지 않아 할 수 있다. 이 경우에도 복잡하게 생각하지 말고 내가 질문할 수 있는 내용만 묻고 알게 된 정보만 잘 챙겨 나오면 된다.

셋째는 해당 지역의 이슈와 경매물건의 값어치, 세입자 및 매도자에 문의 등에 대해 자세하게 설명해주는 경우다. 이 경우는 공인중개사가 경매하는 사람들에 대해 부정적인 편견이 없거나, 혹은 경매하는 사람들에게 매물을 놓고 판매까지 하여 수수료를 받은 경험이 있을 때다. 경매로 낙찰된 물건에 대해 낙찰자의 의뢰를 받아 매매 혹은 임대에 성공하여 수수료를 받아본 경험이 있는 중개업소는 호의적인 반응을 보이며 일반 고객에게 하듯이 긍정적으로 응대해준다. 호의적으로 답변을 해주는 중개업소에서 되도록 많은 정보를 취해야 한다. 훗날 이 중개업소를 이용하게 되는 것은 인지상정이다. 또한 이들에게 고맙다는 표현을 하는 데 인색하면 안 된다.

부동산 중개업소 관계자들과 협력하라

부동산 중개업소 관계자들은 경매가 아주 적은 확률로 낙찰된다고 오인하는 경우가 많다. 또한 낙찰자를 본인에게 즉시 도움이 되지 않는 사람으로 인지하기도 한다. 불친절한 건 바로 그런 이유 때문이다. 또한 부동산 지식을 어느 정도 숙지하고 있어 상대하기 까다롭다는 이유로 피하는 경우도 있다. 이 모든 것은 1차원적인 생각이다. 경매 투자자들은 한번만 부동산을 사고파는 것에서 끝나는 것이 아니다. 재테크 수단으로 지속적인 매입, 매수를 하기 때문에 장기간에 충성고객이 될 수 있다는 걸 그들이 간과하고 있는 것이다. 사람을 대할 때 자신에게 이익이 되는지 여부로만 평가하는 사람은 어디에 가도 있게 마련이다. 불친절한 사람을 오래 상대할 필요는 없다. 친절한 업소도 얼마든지 있기 때문이다. 나 또한 해당 지역에 낙찰되면 꼭 친절히 응대해주었던 그 중개업소에 매물을 내놓는다.

경매물건지 조사, 부동산 급매가 및 수요상태 확인이 끝났다면, 마지막으로 해당 물건의 관리사무소에 방문하여, 미납된 관리비가 있는지 혹은 수리 및 보수 사항에 문제가 없는지 체크하는 것이 습관화되어야 한다. 또한 이웃주민들에게 문의하는 버릇을 들여야 한다. 예를 들어 "경매물건에 내용을 고지하고, 낙찰받으면 들어와서 거주할 예정인데요. 혹시 여기 사시는 분을 좀 알고 계시나요?"라고 물으면 "네, 50대 부부가 살고 있고 낮에는 없고 저녁 늦게 오시는 것 같아요"라고 답한다. 그러면 한발 더 나아가 "여기 사는 것은 어떤가요?"라고 물을 수 있다. 그럼 다시 "지하철역이 도보로 10분 거리에 있고, 초등학교가 주변에 있어 아기 키우는 데는 나쁘지 않아요. 다만 옆 단지 재개발 때문에 소음이 심한 것 외에는 괜찮아요"라는 식의 조언을 얻을 수 있어 경매 입찰가 선정에 큰 도움을 받을 수 있다.

그리고 해당 동네에 주민센터가 있다면 경매정보지를 지참하여 세대열람을 해보는 것을 추천한다. 현재 내가 알고 있는 세입자가 맞는지 혹은 별도로 체크하지 못한 임차인이 있는지 재확인할 필요가 있기 때문이다. 부동산 임장은 이렇듯 자신이 인터넷상에서 조사한 내용과 현장 상황이 일맥상통한지, 경매물건지에 하자가 없는지, 시설은 괜찮은지 등을 확인하는 과정이다. 또 실제 해당 부동산에 매매거래나 임차거래가 되고 있는지를 확인할 수 있는 기회이기도 하다. 임장은 수익과 직결되기 때문에 필히 시행하여 정확한 입찰가를 산출하는 데 참고해야 한다. 임장을 성실히 수행하는 투자자가 수익을 극대화할 수 있고 실수를 최소화할 수 있다. 임장의 중요성은 아무리 강조해도 지나치지 않다.

경매 컨설팅 업체는 피하라

경매 컨설팅 업체에 의뢰하면 손해를 볼 수밖에 없다

가끔 경매장에 가보면 30% 절감된 7,000만 원부터 시작하는 1억 원짜리 매물인데, 85%인 8,500만 원, 심지어는 90%인 9,000만 원에 낙찰받는 사례가 종종 발견된다. 이렇게 높은 가격으로 낙찰받는 이유는 통상적으로 경매 컨설팅 업체에 의뢰하여 낙찰받는 케이스가 많기 때문이다.

보통 경매 컨설팅 업체들은 자신에게 의뢰하면 시세보다는 1,000만 원 싸게 살 수 있다고 홍보를 하게 된다. 경매 컨설팅 업체를 통해 물건을 낙찰받으면 100만 원 정도 컨설팅 비용이 발생한다. 그런데

경매 컨설팅

부동산 경매 컨설팅 전문가가 필요로 하는 부동산 경매물건 취득에 대해 권리분석, 물건분석(현황조사, 시세조사, 투자가치분석, 수익률분석, 비용분석), 절차분석, 사후처리 등을 통해 경매물건의 위험요소를 사전에 분석하여 고객이 안전하게 취득할 수 있도록 조언 또는 대행해주는 서비스

컨설팅 업체에 의뢰한 의뢰인이 어떤 경매물건을 1등으로 9,000만 원에 낙찰받았는데 2등이 7,500만 원에 응찰했다면 약 1,500만 원 비싸게 낙찰되었다는 생각이 들 수밖에 없다.

이 경우 컨설팅을 의뢰한 고객은 업체에 컴플레인을 걸 수 있다. 이런 불상사를 막기 위해 컨설팅 업체는 직원 1명에 추가 입찰자를 충원해서 진행을 하게 된다. 이 직원은 사전에 협의된 대로 2등을 할 수 있는 8,900만 원가량에 입찰가를 쓰게 하여 1등과 큰 차이가 없는 방향으로 작업하게 된다. 낙찰자를 제외하고 낙찰이 되지 않으면 나머지 등수의 사람에게는 입찰 보증금을 돌려주기 때문에 부담 없이 작업을 할 수 있게 된다. 법원에 가보면 이런 식으로 가치 없는 물건을 고액에 입찰금액으로 낙찰받는 경우를 눈앞에서 지켜보게 된다. 수익보다 손해가 커 안타까운 마음이 들기도 한다.

부동산 경매 시스템을 전체적으로 인지하라

이렇게 안타까운 일들은 본인이 입찰에 참여할 물건의 정확한 시세와 부동산 경매 시스템을 전체적으로 인지하지 못하는 데서 비롯된다. 단순히 컨설팅 업체만 믿고 입찰에 참여하면 이 같은 결과를

맞게 된다. 그러니 절대 아무것도 모르는 상태에서 컨설팅 업체를 100% 신뢰하여 경매를 의뢰하는 우를 범해선 안 된다. 경매업체를 활용하려면 본인이 스스로 부동산 경매 전체 공정을 파악하고 흐름을 이해하는 일이 선행되어야 한다. 본인이 구조를 이해하지 못하면서 컨설팅 업체를 활용하는 것은 옳지 못하다. 현명한 부동산 경매를 위해 본인이 기본 지식을 습득해야 한다.

컨설팅 업체도 수익을 목적으로 한다. 그렇다면 컨설팅 업체 입장에서 우선하는 수익은 누구의 수익일까? 의뢰인의 수익을 우선시할까? 아니면 컨설팅 업체 자신의 수익을 우선시할까? 이것은 묻고 대답할 필요가 없는 일이다. 컨설팅 업체는 자신들의 이익에 집중하면서 의뢰인의 수익을 살핀다. 의뢰인의 수익을 자신들의 수익보다 앞세우지 못하는 것은 당연한 일이다. 그러니 컨설팅 업체를 활용하는 일은 투자자들에게 결코 권하고 싶지 않다. 투자자가 직접 나서서 현장을 가볼 수 없는 특수한 상황에만 이용하는 것은 괜찮지만 컨설팅 업체를 전면에 내세워 투자활동을 지속해나가겠다고 생각하면 그것은 오산이다. 투자의 기본은 투자자가 투자 상황을 잘 알아야 한다는 것이고 다른 하나는 모든 책임은 투자자 자신이 져야 한다는 것이다.

경매받은 물건을 빠르게 임차나 매도하는 방법은?

빠른 매도로 대출이자 및 공실 리스크 최소화

누구나 낙찰받은 부동산을 빨리 매도하여 처분하거나 하루라도 빨리 임대를 놓고 싶어 한다. 그냥 앉아서 기다리고만 있다면 저절로 일이 해결될 리 없다. 서둘러 매도나 임대를 시행하고 싶으면 물건지를 중심으로 일정거리에 있는 부동산 중개업소 최소 30군데 이상에 매물을 내놓아야 한다. 물론 부동산 중개업소끼리는 물건을 공유할 수 있는 네트워크가 형성되어 있다. 하지만 매수인, 매도인 모두로부터 중개수수료를 받아야 수익을 극대화할 수 있는 구조여서 자신의 충성고객을 다른 부동산들과 공유하지 않으려 한다. 두 개의 중개업

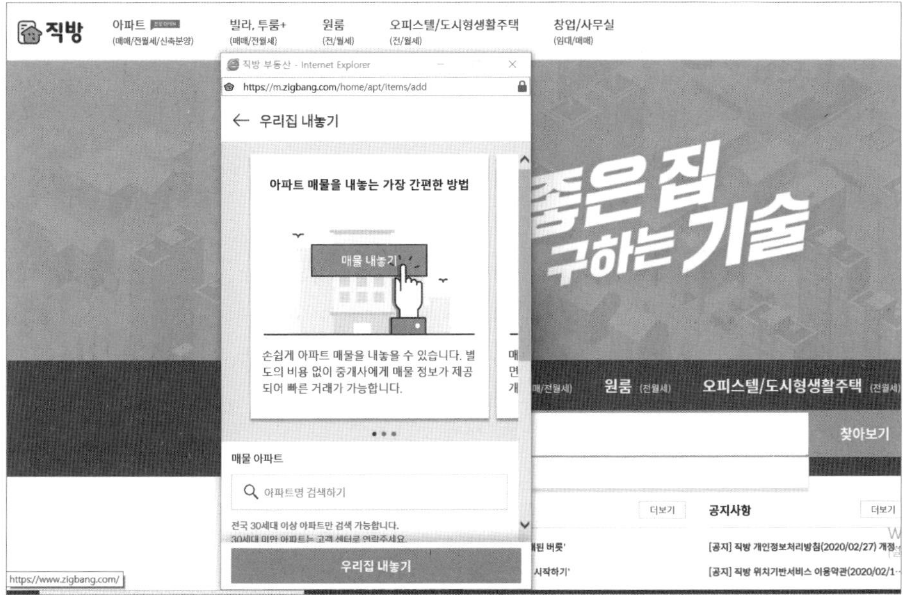

사이트 매물 등록 사례

소가 각각 매도인과 매수인을 발굴해 중개를 하면 각기 한 명씩으로부터 수수료를 받게 되지만 양자를 모두 발굴하면 두 명으로부터 수수료를 받을 수 있는 것이다.

경매 투자자 입장에서는 빠른 매도가 이루어져야 대출이자 및 공실 리스크를 최소화할 수 있다. 부동산 중개업소들이 공유하니까 굳이 다른 중개업소에 물건을 내놓을 필요가 없다고 생각하면 순진하기 짝이 없는 것이다. 자신에게만 매물을 놓으면 전부 공유하겠다는 특정 중개사의 말만 믿고 기다리면 그만큼 매도나 임대가 늦어질 수 있다. 보다 많은 부동산 중개업소에 매물을 등록해야 빨리 매수인 및 임차인을 찾을 수 있다. 최대한 많은 중개업소에 매물을 내놓을 때 거래가 빨리 성사될 수 있다.

여러 검색 포털에 매물을 등록하라

네이버 및 다음 검색 포털에 형성되어 있는 대표 카페들을 찾아 매물을 등록하는 것도 잊지 말아야 한다. 요즘은 직접 두 발로 걸어 다니면서 부동산 중개업소를 찾는 시대가 아니다. 각종 매물을 언제 어디서나 한눈에 볼 수 있는 커뮤니티 사이트나 카페를 활용해야 한다. 내가 가지고 있는 부동산 지역에 네이버 및 다음 대표 카페들을 찾아 나열하고, 그중 회원가입이 가장 많고 매물이 실시간 올라오는 카페들을 선별하여 가입 후 내가 가지고 있는 매물을 임대하거나 매도 정보에 등록해 홍보하면 된다. 실제로 요즘은 중개업소를 통해 거래가 이루어지는 것보다 온라인을 통해서 거래가 성사되는 경우가 많다. 그러니 온라인을 외면해서는 빠른 거래가 어렵다.

카페에 홍보하기 전에 염두에 두어야 할 가장 중요한 포인트는 홍보할 키워드 배합과 낙찰받은 물건의 이미지다. 홍보할 키워드는 내가 가지고 있는 물건이 인천 간석동 빌라면 '간석동 빌라', '간석동 월세', '간석동 투룸' 등 임차인이 검색할 만한 키워드를 배합하여 제목을 선정해야 한다. 해시태그를 설정하면 네이버 및 다음 검색 포털에서 임차인들이 검색할 때 내가 임대하거나 매도할 부동산 정보가 최상위에 노출되는 효과를 얻을 수 있다. 또한 깔끔하고 화사한 이미지를 올려 누구나 살고 싶은 집으로 보이게 하는 것도 중요하다. 요즘은 핸드폰 기능이 좋아져 화질보정으로 사진을 찍으면 충분히 예쁘게 잘 찍을 수 있으니, 최대한 신중하게 사진을 올려 많은 문의를 받도록 하자.

또 염두에 두어야 할 것은 사람들이 이동 중에도 혹은 시간이 될 때마다 쉽게 볼 수 있도록 부동산 앱을 통해 홍보를 해야 한다는 점이다. 누구나 한번쯤 접속할 만한 직방, 다방, 피터팬 등 대형 부동산 앱을 통해 매물을 등록하여, 언제 어디서나 내가 등록한 부동산 매물을 살펴보게 해야 한다. 여기서 중요한 한 가지 팁은 2주 정도 주기적으로 오프라인 부동산, 네이버 및 다음 카페, 다방 및 직방 앱 등에 등록되어 있는 내 물건이 잘 노출되고 있는지 점검하는 것이다. 오프라인 부동산들은 수많은 매물을 가지고 있기 때문에 내 물건을 알뜰히 챙기지 못한다. 따라서 임차인 혹은 매수자 입장에서 부동산에 연락하여 내가 홍보한 동일한 조건의 물건에 대해 "구매나 임대하고 싶다. 보여줄 수 있냐?"라고 물어봐야 한다.

내가 홍보 요청한 매물 근처로 동일한 조건의 문의를 해보고 내가 내놓은 물건을 소개해주면 정상적으로 노출되고 있는 것이니 안심해도 된다. 만약 소개가 안 되면 해당 부동산은 나의 매물을 잊어버렸거나 일부러 소개를 안 해주는 것일 수 있다. 그러니 해당 부동산을 체크하여 재문의하는 것이 필요하다. 꼭 2주 단위로 각 홍보 채널별

점검을 실시하여, 내가 등록한 매물이 잘 홍보되고 있는지 확인해야 한다. 또한 문의는 들어오는데 계약이 안 되는 사유, 즉 곰팡이가 발생한 벽지, 화장실 훼손, 전등 고장, 싱크대 훼손 등 문제되는 부분을 찾아 수리 및 보완하여 물건을 정비해야 한다. 이렇게 되면 빠른 처분을 할 수 있다.

낙찰은 받았는데 대출이 안 나오면 어쩌지?

경매는 부동산 투기 규제에 제약이 없어 많은 대출을 받을 수 있는 것이 큰 장점이다. 하지만 대출이 나오리라는 본인만의 확신을 가지고 경매에 참여하면 큰 낭패를 볼 수 있다. '경락잔금대출'은 법원 경매로 낙찰받은 부동산에 대해 부족한 잔금을 지원해주는 대출이다. 경매에 참여한 낙찰자가 자금 조달이 어려운 경우 시중은행에서 일반 담보대출과 비슷한 조건으로 자금대출을 해준다. 단, 소유권 이전과 동시에 대출해준 금융기관이 1순위 근저당을 가지고 간다. 경락잔금대출이 안 되는 경우가 발생하면 정해진 기일까지 잔금을 납부해야 하지만 돈을 못 구하게 되면 입찰보증금 10%는 받을 수 없게 된다. 다음은 경락잔금대출이 안 되는 이유다.

변경된 규제 지역(2020년 11월 19일)

구분	투기과열지구(48개)	조정대상지역(75개)
서울	전 지역(2017.08.03.)	전 지역(2016.11.03.)
경기	· 과천(2018.08.03.) · 성남분당(2017.09.06.) · 광명, 하남(2018.08.28.) · 수원, 성남수정, 안양, 안산단원, 구리, 군포, 의왕, 용인수지·기흥, 동탄2(2020.06.19.)	· 과천, 성남, 하남, 동탄2(2016.11.03) · 광명(2017.06.19) · 구리, 안양동안, 광교지구(2018.08.28) · 수원팔달, 용인수지·기흥(2018.12.31.) · 수원영통·권선·장안. 안양만안, 의왕(2020.02.21.) · 고양, 남양주[1], 화성, 군포, 안성[2], 부천, 안산, 시흥, 용인처인[3], 오산, 평택, 광주[4], 양주, 의정부(2020.06.19.) · 김포[5](2020.11.20.)
인천	연수, 남동, 서(2020.06.19.)	중, 동, 미추홀, 연수, 남동, 부평, 계양, 서(2020.06.19.)
대전	동, 중, 서, 유성(2020.06.19.)	동, 중, 서, 유성, 대덕(2020.06.19.)
부산	-	해운대, 수영, 동래, 남, 연제 (2020.11.20.)
대구	수성(2017.09.06.)	수성(2020.11.20.)
세종	세종(2017.08.03.)	세종[6](2016.11.03.)
충북	-	청주[7](2020.06.19.)

※ 추가된 조정지역(2020년 11월 20일부터 지정효력 발생)

※ 경기도: 김포(통진·월곶·하성·대곶 제외)
부산광역시: 해운대·수영·동래·연제·남구
대구광역시: 수성구

1. 남양주: 화도읍, 수동면 및 조안면 제외
2. 안성: 일죽면, 죽산면 죽산리·용설리·장계리·매산리·장릉리·장원리·두현리 및 삼죽면 용월리·덕산리·율곡리·내장리·배태리 제외
3. 용인처인: 포곡읍, 모현읍, 백암면, 양지면 및 원삼면 가재월리·사암리·미평리·좌항리 맹리·두창리 제외
4. 광주: 초월읍, 곤지암읍, 도척면, 퇴촌면, 남종면 및 남한산성면 제외
5. 김포: 통진읍, 대곶면, 월곶면, 하성면 제외
6. 세종: 〈신행정수도 후속대책을 위한 연기·공주지역 행정중심복합도시 건설을 위한 특별법〉 제2조 제2호에 따른 예정지역에 한함
7. 청주: 낭성면, 미원면, 가덕면, 남일면, 문의면, 남이면, 현도면, 강내면, 옥산면, 내수읍 및 북이면 제외

조정대상지역 규제 내용

금융	· LTV: 9억 이하 50%, 9억 초과 30%, DTI 50% - (서민, 실수요자) 10%p 우대
	· 중도금대출발급요건 강화(분양가격 10% 계약금 납부, 세대당 보증건수 1건 제한)
	· 2주택 이상 보유세대는 주택신규구입을 위한 주담대 금지(LTV 0%) · 주택 구입 시 실거주목적 제외 주담대 금지 - (예외) 무주택 세대가 구입 후 6개월 내 전입, 1주택 세대가 기존주택 6개월 내 처분·전입 시
세제	· 다주택자 양도세 중과·장특공 배제(2주택 + 20%p, 3주택 + 30%)
	· 분양권 전매 시 양도세율 50%
	· 2주택 이상 보유자 종부세 추가과세(+0.6~ 2.8%p, 추가과세)
	· 일시적 2주택자의 종전주택 양도기간(1년 이내 신규주택 전입 및 1년 이내 양도)
	· 1주택 이상자 신규 취·등록 임대주택 세제혜택 축소(양도세 중과, 종부세 합산과세)
전매제한	· 주택 분양권 전매제한 (1지역: 소유권이전등기 시, 2지역: 1년 6개월, 3지역: 6개월)
	· 오피스텔 분양권 전매제한(소유권 이전등기 or 사용승인일로부터 1년 중 짧은 기간)
청약	· 1순위 자격요건 강화/일정분리 - 청약통장 가입 후 2년 경과 + 납입횟수 24회 이상 - 5년 내 당첨자가 세대에 속하지 않을 것, 세대주일 것 - (국민, 민영 가점제) 무주택자, (민영 추첨제) 1주택 소유자 * 추첨제의 75%는 무주택자, 25%는 기존주택 처분 조건 1주택자 공급
	· 가점제 적용 확대(85㎡ 이하 75%, 85㎡ 이상 30%)
	· 가점제 적용 배제(가점제 당점된 자 및 가점제 당첨된 세대에 속하는 자는 2년간 가점제 적용 배제)
기타	· 주택 취득 시 자금조달계획서 신고 의무화(기존 주택보유현황, 현금증여 등)

조정대상지역 규제 내용 중 '금융' 부분

<table>
<tr><th rowspan="2">구분</th><th colspan="2">투기과열지구 및
투기지역</th><th colspan="2">조정대상지역</th><th colspan="2">조정대상지역 외
수도권</th><th colspan="2">기타지역</th></tr>
<tr><th>LTV</th><th>DTI</th><th>LTV</th><th>DTI</th><th>LTV</th><th>DTI</th><th>LTV</th><th>DTI</th></tr>
<tr><td>실수
요자</td><td colspan="2">50%</td><td colspan="2">60%</td><td rowspan="2">70%</td><td rowspan="2">60%</td><td rowspan="2">70%</td><td rowspan="6">없음</td></tr>
<tr><td>무주택자</td><td colspan="2">40%</td><td colspan="2">50%</td></tr>
<tr><td>1주택
(원칙)</td><td>0%</td><td>-</td><td>0%</td><td>-</td><td rowspan="4">60%</td><td rowspan="4">50%</td><td rowspan="4">60%</td></tr>
<tr><td>1주택
(9억↓)</td><td colspan="2">40%</td><td colspan="2">50%</td></tr>
<tr><td>1주택
(9억↑)</td><td>20%</td><td>40%</td><td>30%</td><td>50%</td></tr>
<tr><td>2주택</td><td>0%</td><td>-</td><td>0%</td><td>-</td></tr>
</table>

(1주택 9억 ↑, ↓: 처분조건 LTV, DTI)

디딤돌대출, 보금자리론의 경우 LTV 규제 비율을 최대 70% 유지, 통상 주택담보대출한도 LTV 70%이나 투기과열지구, 조정대상지역에 따라 조건이 변경되며, 고가주택구입, 무주택세대 1주택 보유, 2주택 보유에 따라 LTV, DTI가 달라지므로, 주택담보대출을 받기 전 구매하고자 하는 지역, 나의 주택 보유 수 확인이 필요하다.

※주택담보대출 규제 강화: 2주택자 주담대 금지, 1주택자 6개월 내 처분 및 전입, 무주택자 6개월 내 전입

부동산 조정대상지역 추가 지정 현황

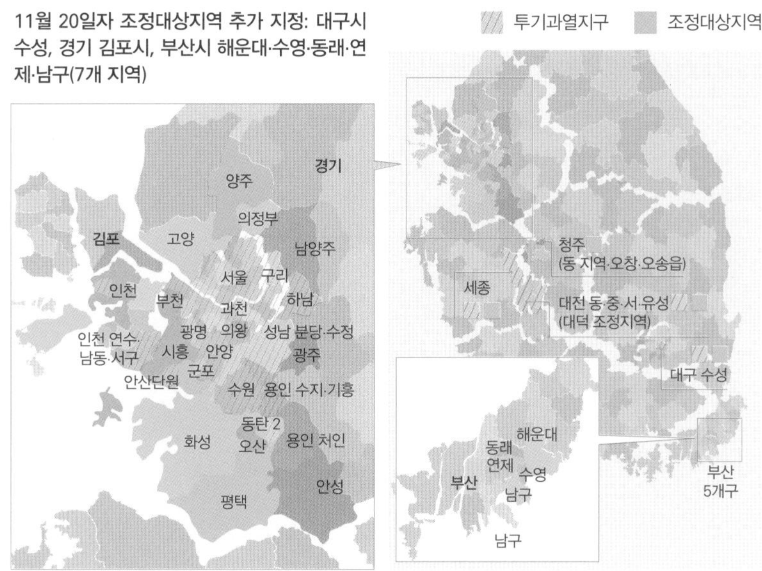

※김포: 통진읍, 월곶·하성·대곶면 제외
※ 지도상 색상이 있는 부분이 대출 규제 지역
※ 무주택자 최대 50%이며, 15억 원 초과 아파트는 해당 안 됨
※ 1주택자 이상 (분양권 포함)
(주택처분서약을 작성했을 경우 입주가능일로부터 6개월 이내 기존주택 무조건 처분, 예: 입주일이 2021년 1월 1일일 경우 2021년 1월 1일부터 6개월 이내 기존 주택처분, 혹은 분양권을 다른 사람에게 전매했더라도 기존주택을 처분해야 함)
- 투기, 투기과열지구: 기존주택 처분 조건 40% 가능(15억 원 이상 해당 안 됨)
  조정지역: 기존주택 처분 조건 50% 가능
  비규제지역: 조건에 따라 60% 가능
※ 2주택 이상 보유세대 주택담보대출 금지

유치권이 설정되어 있는 특수물건인 경우

유치권이 설정되어 있는 특수물건인 경우 대출이 어렵다. 허위로 신고된 유치권자라고 해도 은행의 입장은 다르다. 일단 유치권 신고

> **취하**
> 신청했던 일이나 서류 따위를 취소하는 것을 말한다. 취하되면 더 이상 경매가 진행되지 않고 종결된다. 이러한 철회는 경매개시 결정에서부터 경락인이 대금을 납부할 때까지 가능하며 최고의 매수신고인이 결정된 후에는 최고가 매수인의 동의가 필요하다.

가 들어온 부동산에는 절대 대출을 해주지 않는다. 금융사들은 대출에 있어서 일반인들이 생각하는 것보다 훨씬 냉정하고 정확하게 판단한다. 단, 최초 유치권자가 유치권 포기서를 제출하면 대출을 해주기도 하지만 통상적으로 유치권을 잔금납부 전에 취하하기란 쉽지가 않다. 그래도 이런 물건에 필히 참여해야 한다면 대출이 불가능하다는 것을 미리 예상해야 한다.

유치권이란 타인의 물건이나 유가증권을 점유한 자가 그 물건이나 유가증권에 관하여 생긴 채권이 변제기에 있는 경우, 그 채권을 변제받을 때까지 물건이나 유가증권을 유치할 수 있는 권리다. 쉽게 말해 해당 부동산에 가치를 상승시켜줄 어떠한 공사를 한 후 대금을 납기일까지 받지 못해 부동산을 점유하고 있는 것이 유치권이다. 유치권이 설정되어 있는 경우도 정상적인 대출을 받기 어렵다. 그러니 유치권 행사자가 있으면 이 물건은 대출이 안 된다고 보면 된다. 유치권이 설정된 물건에 굳이 손을 댈 필요는 없다.

방 개수만큼의 최우선변제금에 해당하는 경우

은행이 선순위 근저당권을 잡고 대출을 해준다고 해도 부동산 소유자는 나중에 방의 개수만큼 임차인을 들일 수 있다. 임차인들은 비록 후순위지만 전입신고만 하면 소액임차인으로서 근저당권자보다 먼저 최우선변제를 받을 수 있기 때문에 최우선순위 근저당권자인 은행이 피해를 보게 된다. 그래서 은행은 일명 '방 빼기'를 통해서 방 개수만큼의 최우선변제금을 제외하고 대출을 해주는 경향이 있다. 이를 감안하지 않고 대출받을 수 있는 금액을 생각했다가 원하는 액수만큼 대출이 이루어지지 않아 낭패를 보게 된다. 그러니 사전에 충분히 살펴보아야 한다. 발생할 수 있는 모든 경우에 대비해야 안전하게 투자할 수 있다.

최우선 설정된 권리가 임차인에게 있는 경우

대항력이 있는 임차인, 즉 말소기준권리보다 최우선 설정된 권리가 임차인에게 있는 경우에도 경락잔금대출이 쉽지 않다. 이런 경우는 낙찰을 받더라도, 전입신고자가 최초 권리자보다 선순위로 배당을 받기 때문에 은행들이 대출을 해주지 않는다. 하지만 임차인의 지인 혹은 직계 가족들이 거주를 한다고 하면 무상거주각서를 제출하는 조건으로 예외적 대출이 허용된다. 채무자들이 악의적으로 설정한 항목이 있어 이 또한 쉽지 않다. 또한 토지와 건물의 주인이 다른 법정지상권 물건의 경우도 대출이 어려워진다. 토지 위에 등기되지 않은 지상물이 있는 경우 법정지상권상 문제가 되고 담보가치가 손상되기 때문에 경락잔금대출을 받을 수 없다.

소득이 증빙되지 않는 경우

소득이 증빙되지 않는 경우에도 대출이 어려워진다. 은행은 돈을 빌려주고 이자 금액으로 수익을 내는 대부업체다. 그러니 채무를 변제할 능력이 없는 이에게 대출을 해주지 않는 것은 당연하다. 이자를 낼 수 있는 안정적 수입이 있다는 사실을 증명해보이지 않으면 대출은 불가하다. 개인 신용이 6등급 이하이며, 본인명의로 된 카드 사용이 월간 최소 100만 원 이상이라고 한다면 대출이 실행될 수도 있다. 하지만 위의 최소 조건에도 해당이 안 되면 은행은 이자비용을 받을 수 없는 것으로 간주하고 최종 추정소득을 계산하게 된다 .

추정소득이란 현재는 최소 조건에 미달되지만 1년 전 소득을 파악하여, 이자 및 원금을 갚을 수 있는 여건이나 능력이 되는지 확인하는 것이다. 추정소득을 통해 대출을 실행시켜줄 수도 있다. 결론적으로는 신용등급이 최소 6등급 이하라야 하고 월간 본인명의 카드 사용액이 100만 원 이상이면 가능하다. 이 또한 불가하다면 직계 가족들의 담보설정으로 대출이 가능하다. 즉, 주부여서 일정한 소득이 없다면 남편이 벌어다주는 돈으로 경제 활동이 가능하기 때문에 남편의 소득을 증빙하여 대출을 진행하면 된다는 뜻이다.

경매물건 중 대지권미등기 해결방법

우리나라는 토지와 건물을 별개의 부동산으로 취급한다. 그래서 토지 부분만 담보로 대출을 받거나, 건물만 담보로 대출을 받기도 한다. 경매에서도 토지만 매각하거나 토지는 빼고 건물만 매각하는 경우가 있다. 공동주택인 아파트 및 빌라의 경우 하나의 토지 위에 여러 개의 건물이 집합되어 있다. 수많은 호실들이 있고 각각 주인이 다르다. 따라서 모두 각각의 건물로 인정하는 형태다. 만약에 분리하여 땅을 배분한다면 주차장 입구부터 경비실까지는 101호가 주인이 되고, 화단부터 놀이터까지는 102호가 주인이 된다. 이렇게 하는 것이 실상 어려운 부분이라 집합건물은 모든 건물주들이 하나의 번지를 공유하며 다 같이 쓰는 형태가 되는 것이다. 즉, 전체 면적의 땅

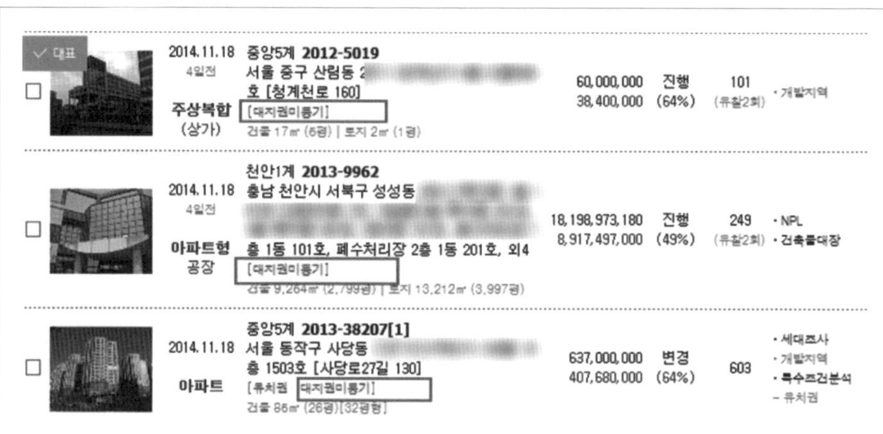

매각기일 / 용도	사건번호 / 소재지	감정가 / 최저가	상태	조회수	비고
2014.11.18 4일전 주상복합 (상가)	중앙5계 **2012-5019** 서울 중구 산림동 … 호 [청계천로 160] [대지권미등기] 건물 17㎡ (6평) | 토지 2㎡ (1평)	60,000,000 38,400,000	진행 (64%)	101 (유찰2회)	· 개발지역
2014.11.18 4일전 아파트형 공장	천안1계 **2013-9962** 충남 천안시 서북구 성성동 … 층 1동 101호, 폐수처리장 2층 1동 201호, 외4 [대지권미등기] 건물 9,264㎡ (2,799평) | 토지 13,212㎡ (3,997평)	18,198,973,180 8,917,497,000	진행 (49%)	249 (유찰2회)	· NPL · 건축물대장
2014.11.18 아파트	중앙5계 **2013-38207[1]** 서울 동작구 사당동 … 층 1503호 [사당로27길 130] [유치권 대지권미등기] 건물 86㎡ (26평)[32평형]	637,000,000 407,680,000	변경 (64%)	603	· 세대조사 · 개발지역 · 특수조건분석 - 유치권

대지권 미등기 사례

가운데 내 지분이 있다고 생각하면 된다.

따라서 아파트는 토지를 특정할 수 없지만 지분만 인정하는 형태가 된다. 이런 것을 대지권이라고 하며 대지권 미등기를 꼭 확인해봐야 한다. 아파트 물건 중 대지권 미등기로 표시된 것을 확인했다면 건설사업을 벌인 최초 시행사에 문의해서 수분양자가 대금을 미납한 사실이 있는지 확인해야 된다. 채권자, 즉 말소기준권리에 표기된 근저당권자에게도 정확한 사실 여부를 물어봐야 한다. 은행은 보다 낙찰가를 높게 받아야 많은 채무금액을 회수받을 수 있기 때문에 경매 투자자들 입장에서 적극적으로 이야기해줄 수 있다.

> **대지권 미등기**
>
> 집합건물이 완공되고, 구분건물에 대한 등기부가 작성되었으나 절차상 또는 실체상의 하자로 인해 대지권이 아직 등기부에 기재되지 않은 상태를 말한다.

추가적으로 주변 공인중개사에 연락해서 해당 물건들의 이상 여부를 재확인해보면 안전한 거래를 할 수 있다. 특정 지역에서 공인중개사무소를 운영하는 이들은 일대의 부동산 상황을 비교적 소상히 알고 있고 부동산 관련 정보도 빠르게 파악하고 있다. 그들을 통해 관심이 있는 물건의 특이사항이 없는지를 확인하면 의외의 정보를 얻을 수도 있다. 이렇게 여러 가지 상황을 파악한 후 입찰에 참여하는 것이 좋다. 한 번만 더 확인하고 투자했더라면 하지 않을 실수를 본인의 불찰로 하게 된다면 그건 막대한 손해로 이어진다. 손해를 줄이는 방법은 점검하고 또 점검하는 일이다.

매각기일

경매법원이 목적부동산에 대하여 실제 매각을 실행하는 날로 매각할 시각, 장소 등을 매각기일 14일 전에 법원게시판에 게시함과 동시에 일간신문에 공고할 수 있다. 매각기일이 잡히면 법원은 매각기일과 매각결정기일을 이해관계인에게 통지하여 불이익이 없도록 하고 있다.

꼼꼼한 준비만이 소중한 사람을 지킬 수 있다

부동산 관련 지식을 습득하라

살다 보면 주변인들이 부동산 사기를 당했다는 소식을 많이 접하게 된다. 부동산은 사람이 살아가는 데 가장 필요하다는 세 가지, 즉 의식주 중 하나다. 부동산에 대해 제대로 알고자 한다면 우선적으로 등기부등본 보는 방법, 근저당 설정에 따라 배당순위 확인하는 방법, 각 지역별 최우선변제금 등에 대해 정확히 알고 있어야 한다. 이런 사항들을 제대로 알지 못하면 열심히 모은 돈을 한순간에 날리는 경우가 발생한다. 부동산 관련 지식을 습득하면 무지로 인해 발생하게 되는 사고를 미연에 방지할 수 있고, 주위의 소중한 사람들에게 부동산 관련 조언을 해줄 수 있어 불의에 사고를 막게 해준다. 또한 부동산 중개업자 머리 위에서 계약을 유도할 수 있고, 부동산 사기는 절대 당할 일이 없다. 그러니 부동산 공부를 통해 열심히 모은 내 자산을 지킬 수 있기를 바란다.

계약서를 작성하기 전에 등기부등본을 요청하라

집을 담보로 과도한 대출이 1순위에 있는 아파트나 빌라에 전세나 월세로 들어간다면 낭패다. 그걸 잘 모르고 계약을 하면 집이 경매로 넘어가 보증금 전체를 보장받지 못하는 일이 생길 수 있다. 이런 불상사를 막기 위해서는 계약서를 작성하기 전에 등기부등본을 요청해서 계약 당시 현재 유효사항 및 살아 있는 권리들을 표기한 항목을 검토해야 한다. 설정된 각 채권들, 즉 집을 담보로 대출받은 금액의 합계와 본인이 부담하는 보증금의 합계가 매물 시세보다 높다면 입주하지 않는 것이 맞다. 등기부등본에는 부동산에 대한 전문지식이 없더라도 기본 상식만 있으면 누구나 알아볼 수 있는 내용이 표기되어 있기 때문에 꼭 확인하는 것이 좋다.

만약 집주인의 경제활동에 문제가 생겨 집이 경매로 넘어가게 되면 내 보증금보다 1순위 근

> **토지근저당권 인수**
> 아파트, 다세대 등의 집합 건물이 아니고 건물, 토지가 각각 있는 다가구주택에서 건물이 아닌 토지 부분에 근저당권이 있으므로 해당 근저당 채권액을 매수인이 책임져야 된다는 것을 말한다.

주택임대차보호법 최우선변제

구분		지역구분	우선변제를 받을 임차인의 범위	보증금 중 우선변제를 받을 일정액의 범위
현행	1호	서울특별시	1억 1,000만 원 이하	3,700만 원 이하
	2호	과밀억제권역, 용인·화성·세종	1억 원 이하	3,400만 원 이하
	3호	광역시, 안산·광주·파주·김포	6,000만 원 이하	2,000만 원 이하
	4호	그 밖의 지역 (이천·평택 포함)	5,000만 원 이하	1,700만 원 이하
개정	1호	서울특별시	1억 5,000만 원 이하 (4,000만 원 ↑)	5,000만 원 이하 (1,300만 원 ↑)
	2호	과밀억제권역, 용인·화성·세종·김포	1억 3,000만 원 이하 (3,000만 원 ↑)	4,300만 원 이하 (900만 원 ↑)
	3호	광역시, 안산·광주·파주·이천·평택	7,000만 원 이하 (1,000만 원 ↑)	2,300만 원 이하 (300만 원 ↑)
	4호	그 밖의 지역	6,000만 원 이하 (1,000만 원 ↑)	2,000만 원 이하 (300만 원 ↑)

자료: 법무부

저당권자의 대출을 먼저 법원에서 지급한다. 이 경우 내가 설정한 보증금 전체를 받지 못하는 불상사가 생길 수 있다. 추가로 금융사가 집을 담보로 대출을 설정할 때는 원금을 그대로 등기부등본에 설정하는 것이 아니라, 경매 실행기간 동안 발생되는 이자까지 근저당을 설정한다. 이 때문에 1금융권은 원금의 120% 정도, 2금융권은 원금의 130% 정도를 잡는다고 보면 된다. 예를 들어, 집을 담보로 은행에 1억 원을 빌리면 1금융권은 1억 2,000만 원, 2금융권은 1억 3,000만 원의 근저당을 설정하는 것이 통례다. 그러니 금융사에 의해 설정된 대출금액을 확인하고 추가 설정된 이자비용까지 계산하는 것이 맞다.

PART
04

법과 제도, 기본만 알면 쉽다

등기부등본 어떻게 봐야 할까?

등기부등본을 보는 방법을 간략하게 소개한다. 등기부등본은 해당 부동산과 관련된 제반 정보가 수록된 문서다. 등기부등본에 기록된 권리관계를 읽을 줄 알아야 부동산 거래를 할 수 있다. 모든 부동산의 월세 및 전세 계약 전에는 인터넷 등기소에 접속해 입주하고자 하는 아파트나 빌라의 주소를 검색하고 열람 및 발급을 받아 확인해야 한다. 그렇게 출력한 등기부등본 중 마지막 소유자가 실제 계약하는 사람과 동일한지 신분증을 대조해야 하며, 말소되지 않는 대출금액들을 확인해야 한다. 추가로 경매개시 결정이 있으면 해당 집은 경매 집행 대기 중인 물건이므로 절대 계약을 하면 안 된다. 경매개시 결정 이후에 설정된 권리들은 인정받기 어려울 수 있기 때문이다.

등기사항전부증명서(말소사항 포함)
- 집합건물 -

고유번호

[집합건물] 서울특별시 은평구

【 표 제 부 】 (1동의 건물의 표시)				
표시번호	접 수	소재지번,건물명칭 및 번호	건 물 내 역	등기원인 및 기타사항
1	2012년11월21일	서울특별시 은평구 [도로명주소] 서울특별시 은평구	철근콘크리트구조 (철근)콘크리트(평스라브) 지붕 5층 공동주택(다세대주택) 1층 11.83㎡ 2층 120.85㎡ 3층 120.85㎡ 4층 85.68㎡ 5층 68.22㎡ 옥탑1층 10.14㎡(연면적제외)	

(대지권의 목적인 토지의 표시)				
표시번호	소 재 지 번	지 목	면 적	등기원인 및 기타사항
1	1. 서울특별시 은평구	대	207㎡	2012년11월21일

【 표 제 부 】 (전유부분의 건물의 표시)				
표시번호	접 수	건 물 번 호	건 물 내 역	등기원인 및 기타사항
1	2012년11월21일		철근콘크리트구조 34.38㎡	

(대지권의 표시)			
표시번호	대지권종류	대지권비율	등기원인 및 기타사항
1	1 소유권대지권	207분의 20.04	2012년11월19일 대지권 2012년11월21일

등기부등본 사례

주택임대차보호법에는 소액임차인의 보증금 중 일정액을 다른 담보 물권자보다 우선하여 변제받을 권리가 있다는 조항이 있다. 이를 최우선변제권이라 한다. 쉽게 말해 돈이 있는 사람들은 보증금을 날려도 크게 문제되지 않을 수 있지만 서민들이 부동산에 설정된 대출을 잘 확인하지 못하고 계약했다가는 전 재산을 날리게 되는 것이다. 이때 최소한의 보장을 해주겠다는 제도라고 보면 된다. 임차인, 즉 세입자가 경매신청 등기 전에 주택인도와 전입신고를 마치면 다른 담보 설정권자들보다 우선적으로 최우선순위로 변제받을 수 있고 누군가 먼저 해당 부동산을 담보로 돈을 빌려주었더라도 최우선변제금

안에 설정된 임차인에게 먼저 돈을 주게 된다.

예를 들어, 이사하는 곳이 대출이 한계치에 이른 아파트나 빌라라고 하면 보증금으로 2,000~3,000만 원 정도 걸고 소액임차인의 최우선변제권을 행사하면 우선적으로 보호를 받을 수 있다. 그런데 간혹 이런 것을 모르고 부동산 중개업자가 하는 소리만 믿고 계약했다가 큰 낭패를 보는 경우도 있다. 보통의 부동산 중개업소는 이렇게 이야기를 한다. "그냥 계약하셔도 괜찮습니다. 최우선변제금 이하의 금액이어서 먼저 배당받으실 겁니다." 하지만 부동산 중개업자 말만 믿고 계약하는 것은 금물이다. 알아볼 게 한 가지 더 있다.

바로 등기부등본에 유효한 1순위 근저당권이 설정되어 있는 날짜를 확인하는 것이 중요하다. 해당 개정안을 확인해야 정확한 권리를 받을 수 있다. 예컨대 2019년도 용인시에 있는 아파트의 경우 최우선변제받을 수 있는 금액이 3,400만 원인데, 대출이 최고치까지 차 있는 집을 계약했다고 하자. 그런데 막상 경매에 넘어가 배당을 보니, 1순위 근저당 설정이 2010년도이며, 해당연도에 최우선변제금액을 확인하니 변제금액이 1,900만 원 이하여야 권리를 받을 수 있다고 한다. 그래서 기존 보증금 3,400만 원 중 1,900만 원을 뺀 1,500만 원의 손실을 보게 되었다. 이러한 사례는 실제 부동산 거래에서 의

배당이의

배당기일에 출석한 채권자는 자기의 이해에 관계되는 범위 안에서 다른 채권자를 상대로 그의 채권 또는 채권의 순위에 대해 이의를 제기할 수 있다. 이의를 제기한 채권자가 배당이의의 소를 제기하고 배당기일로부터 1주일 내에 집행법원에 소제기증명을 제출하면 그 금원에 대해서는 지급을 보류하고 공탁을 하게 된다. 이의제기채권자가 증명 없이 그 기간을 도과하면 이의에도 불구하고 배당금을 지급하게 된다.

외로 자주 일어난다.

이렇게 손실을 본 이유는 계약한 집이 1순위 대출받은 날짜를 기준으로 최우선변제를 받을 임차인의 범위가 결정되기 때문이다. 예를 들어 설명하면 다음과 같다. 5년 전 범죄를 저질러 벌금 500만 원을 선고받았는데 형편이 좋지 않아 벌금을 못 내고 있는 상황이라고 가정해보자. 어느 날 법이 개정되어 5년 전 똑같은 범죄에 대한 벌금이 100만 원으로 감경됐다고 하자. 법이 바뀌어 벌금이 내려갔다고 해도 5년 전 저지른 범죄에 대해서는 벌금이 500만 원이라는 이야기다. 그러니 대출이 꽉 찬 집을 최우선변제가 가능한 금액으로 계약할 때는 집을 담보로 빌려준 대출의 최초 실행된 1순위 근저당 설정 일자를 확인해서 그때 해당하는 최우선변제금액 범위를 확인해야 한다. 그래야 나의 재산을 안전하게 보호받을 수 있다.

주택임대차보호법을 이해하자

주택임대차보호법의 내용에 대해 추가 설명해보자. 집을 담보로 돈을 빌려준 1순위 근저당권을 설정한 날짜를 확인해서 보장받을 수 있는 보증금으로 계약을 했다고 가정하자. 이때 경매 낙찰된 금액이 근저당 걸린 금액보다 적을 시, 즉 모든 채무액보다 낙찰금액이 적다면 낙찰가의 50% 안에서 최우선변제를 받기 때문에 손해를 볼 수 있다. 예를 들어, 세입자는 집을 담보로 대출을 받은 금융사 중 최초로 빌려준 일자를 확인하여 최우선변제금 설정 범위 안에서 2,200만 원 보증금으로 살고 있었다. 그리고 집을 담보로 은행이 돈을 빌려준 금액이 6,000만 원이다. 집주인의 사업이 잘되지 않아 대출이자 및 원금 상환을 하지 못했다.

그래서 돈을 빌려준 은행에서 담보로 잡은 부동산에 대해 경매를 신청하여 진행했고, 해당 부동산에 대해 경매를 실시한 결과 3,500만 원에 낙찰되었다. 여기서 최우선변제금액 2,200만 원을 전부 세입자에게 주면 은행은 1,300만 원 밖에 못 받으니, 은행 입장에서는 억울할 수 있다. 따라서 이 경우와 같이 돈을 빌려준 총 금액이 낙찰가보다 높으면 낙찰금액 3,500만 원 중 50%인 1,750만 원 안에서 최우선변제가 가능하고 나머지 50%는 채권자들이 순서대로 가져가게 된다. 그럼 세입자는 보증금 2,200만 원 중 1,750만 원만 보장받을 수 있고 나머지 보증금 450만 원은 받지 못하게 된다. 그러니 주택의 전월세 계약 시 1순위 근저당 설정일자에 최우선변제받을 범위를 확인하고, 해당 부동산을 담보로 과도한 대출금액이 설정되어 있다면 1,900만 이하여야 권리를 받을 수 있다고 한다. 담보로 과도한 대출금액이 설정되어 있다면 최우선변제액을 전액 보장받지 못할 수 있으니 주의해야 한다.

부동산 경매는 부동산 교육의 교본이 된다. 배우면 그저 좋은 정도가 아닌 필수적으로 알아야 할 지식이다. 따라서 꼭 경매를 하고자 하는 사람이 아니더라도 숙지할 필요가 있다. 또한 지인들에게도 꼭 알려줘서 불의의 사고나 사기를 당하는 일이 없도록 방지해야 한다. 부동산 경매에 대해 완전히 이해한다면 일반적인 부동산 거래는 저절로 이해할 수 있다. 부동산 경매는 현대를 살아가는 이들이 반드시 알아두어야 할 상식이다. 부동산을 모르고 큰 부자가 된 사람은 없다. 대한민국에 살면서 부동산에 관심을 갖지 않는다는 것은 부자가 될

주택임대차보호법

담보물권설정일	지역	보증금 범위	최우선변제액
2001.9.15. ~ 2008.8.20.	과밀억제권역	4,000만 원 이하	1,600만 원까지
	광역시(군 지역, 인천 외)	3,500만 원 이하	1,400만 원까지
	기타 지역	3,000만 원 이하	1,200만 원까지
2008.8.21. ~ 2010.7.25.	과밀억제권역	6,000만 원 이하	2,000만 원까지
	광역시(군 지역, 인천 외)	5,000만 원 이하	1,700만 원까지
	기타 지역	4,000만 원 이하	1,400만 원까지
2010.7.26. ~ 2013.12.31.	서울특별시	7,500만 원 이하	2,500만 원까지
	과밀억제권역	6,500만 원 이하	2,200만 원까지
	광역시(과밀억제권역, 군 지역 외), 안산시, 용인시, 김포시, 광주시	5,500만 원 이하	1,900만 원까지
	기타 지역	4,000만 원 이하	1,400만 원까지
2014.1.1. ~ 2016.3.30.	서울특별시	9,500만 원 이하	3,200만 원까지
	과밀억제권역	8,000만 원 이하	2,700만 원까지
	광역시(과밀억제권역, 군 지역 외), 안산시, 용인시, 김포시, 광주시	6,000만 원 이하	2,000만 원까지
	기타 지역	4,500만 원 이하	1,500만 원까지
2016.3.31. ~ 2018.9.17.	서울특별시	1억 원 이하	3,400만 원까지
	과밀억제권역	8,000만 원 이하	2,700만 원까지
	광역시(과밀억제권역, 군 지역 외), 안산시, 용인시, 김포시, 광주시	6,000만 원 이하	2,000만 원까지
	세종시	6,000만 원 이하	2,000만 원까지
	기타 지역	5,000만 원 이하	1,700만 원까지

2018.9.18. ~ 2021.5.10.	서울특별시	1억 1,000만 원 이하	3,700만 원까지
	과밀억제권역 용인시, 화성시, 세종시	1억 원 이하	3,400만 원까지
	광역시(과밀억제권역, 군 지역 외), 안산시, 김포시, 광주시, 파주시	6,000만 원 이하	2,000만 원까지
	기타 지역	5,000만 원 이하	1,700만 원까지
2021.5.11.~	서울특별시	1억 5,000만 원 이하	5,000만 원까지
	과밀억제권역, 세종시, 용인시, 화성시, 김포시	1억 3,000만 원 이하	4,300만 원까지
	광역시(과밀억제권역, 군 지역 제외), 안산시, 광주 시, 파주시, 이천시, 평택시	7,000만 원 이하	2,300만 원까지
	기타 지역	6,000만 원 이하	2,000만 원까지

자료: 법무부

마음이 없다는 것으로 봐도 무방할 정도다.

분양가상한제가 경매 투자에 문제가 될까?

분양가상한제로 혜택을 받는 쪽은?

기존에도 분양가상한제는 있었지만 부동산 시장이 요동치자 정부는 분양가상한제 적용 지역을 확대하며 시장을 옥죄기 시작했다. 부동산을 사고팔면 누군가는 이득을 볼 수밖에 없으니, 그 이득을 무주택자나 서민들에게 주는 것으로 정책을 강화하겠다는 것이 분양가상한제의 골자다. 그럼 이제 분양가상한제를 통해 누가 이득이 되고 누가 불이익을 받는지 알기만 하면 된다. 이득이 되는 사람은 무주택자로 분양가상한제로 인해 저렴한 가격으로 분양을 받고 이후 매도차액으로 혜택을 볼 수 있게 된다. 불이익을 당하는 이들 중 가장 대표

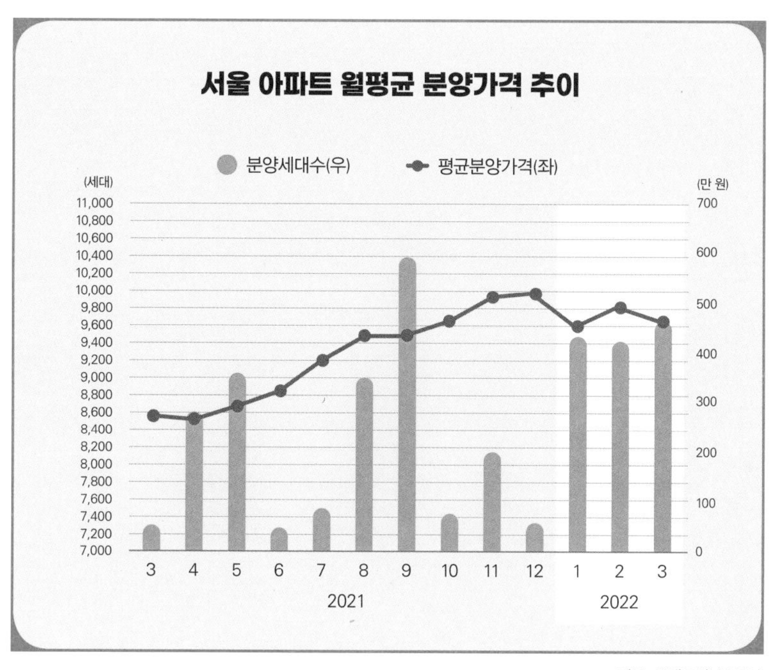

자료 : 주택도시보증공사

적인 부류는 재건축 조합을 조성하는 조합원들이나 그 공사를 하게 되는 시공사라고 보면 된다.

분양가상한제 때문에 재건축이나 신규분양을 해도 이전과 같은 막대한 수익을 창출하기가 그만큼 어려워지고 있는 것이다. 재건축 시장의 수익률 하락은 재건축 시장을 위축시킬 수밖에 없다. 그러면 당연히 신규 재건축 사업 추진이 줄어들고 이것이 주택 공급 부족으로 연결된다. 주택 공급 부족은 주택가격 상승으로 이어진다. 여기서 주목해야 할 것은 이러한 규제가 부동산 경매 투자자들에게는 해당

되지 않는다는 것이다. 경매 투자자들은 시세보다 저렴하게 사서 시세가 및 급매로 처분해 수익을 만들면 된다. 경매에서는 부동산 중개업소를 유통사라고 생각하면 이해가 쉽다.

일단 경제정책이 시행되면 반드시 이익을 누리는 계층과 손해를 보는 계층이 발생하게 된다. 규제정책을 만드는 정부는 가능한 한 약자계층인 서민들이 이익을 보고 여유층이 수익을 얻는 것을 제한하는 데 주안점을 둔다. 하지만 그런 정책은 장기적으로 보면 서민층에게 결코 유리하게 작용하지 않는다. 경제는 생물이기 때문에 특정 방향으로 정책이 지속적으로 움직이면 그 안에서 부작용이 발생되기 마련이다. 전혀 생각지 못한 새로운 세력이 나타나 수익을 챙겨간다. 이러한 악순환으로 인해 정책은 계속 새롭게 발표될 수밖에 없고, 그 정책을 유지하는 보호막은 일정 기간이 지나면 무너지게 된다. 시장에만 맡겨두면 쏠림현상이 나타나고 정책으로 조정하려 하면 예기치 못한 부작용이 생긴다. 어려운 문제일 수 밖에 없다.

정부의 규제책, 완급조절이 중요하다

부동산 시장이 너무 과열되고, 특정 세력이 그 수익을 독점하는 현상이 발생하면 정부는 그 폐단을 덮기 위해 새로운 규제책을 발표한다. 규제에 따라 잠시 시장이 안정될 수는 있지만 결국은 시장이 얼어붙고 그에 따른 새로운 문제에 봉착한다. 재개발과 재건축이 과

인수주의

경매를 통해 부동산의 소유권을 얻은 사람에게 압류 채권자의 채권에 대한 부동산의 부담을 넘겨주는 태도를 말한다. 낙찰에 의하여 모든 부담이 소멸되지 않고 매수인이 부담해야 하는 것으로 민사소송법은 소제주의를 원칙으로 있지만 예외적으로 인수주의를 취한다. 저당권, 담보가등기, 가압류는 순위에 관계없이 모두 말소되고 그 이후 후순위의 모든 권리는 소멸한다. 그러나 1순위 저당권, 담보가등기, 가압류보다 앞선 지상권, 지역권, 전세권 등의 권리와 대항력 있는 임차권도 소멸되지 않아 매수인이 부담해야 하며, 별개로 법정지상권, 유치권 인정 여부에 따라 인수될 수 있다.

열되면 정부는 그 시장을 잠재우기 위해 규제책을 마련하지만 정작 규제책으로 인해 그 사업의 효과는 줄어든다. 이에 따라 시장이 얼어붙으면 공급 부족을 초래하고 공급 부족에 따른 가격상승의 피해는 고스란히 서민층에 돌아간다. 그러니 정부정책의 완급 조절은 서민들을 위해서도 대단히 중요하다.

보통 부동산 경매를 생각하는 사람들의 반응은 비슷하다. 낙찰을 받아 부동산을 구매하는 가격은 일단 싸다고 생각하겠지만 여러 고민이 생겨난다. 그 고민은 대개 '막상 팔려고 할 때 집값이 떨어지거나 임차인을 못 구하면 어쩌나', '경매가 외에 추가로 부담해야 할 돈이 생기면 어쩌나' 등이다. 이런 고민은 문제를 해결하는 데 초점을 두지 않고 문제를 찾는 데만 급급한 것이다. 전체 투자자들 가운데 이런 식의 반응을 보이는 이들이 70% 이상이다. 이렇게 고민하고 얘기하는 사람들은 지속적으로 안 되는 이유를 찾아내고 그 이유 중 하나라도 해당되면 투자를 안 한다는 생각을 갖는 특징이 있다.

그러면서 부정적인 메시지를 지속적으로 뿜어낸다. 이렇게 말하는 사람들에게 나는 단호하게 "그냥 힘들게 고민하지 마시고 부동산 경매하지 마세요"라고 말한다. 안 하면 될 것을 무엇 때문에 사서 고생을 하느냐고 말한다.

반면 30%의 사람들은 안 되는 이유를 찾은 후 이를 해결하려 한다. 예를 들어, "말소기준 위로 설정된 권리는 인수하는 건가요?", "해당 지역에 각종 호재 사항과 매물시세가 저평가되어 있는데 구매해도 될까요?" 이렇게 실천적인 내용으로 이야기하고 막히는 부분을 질문하는 식으로 적극적인 태도를 보인다. 이런 부류는 현재도 발전적인 모습을 보이며, 경매를 통한 수익도 빠르게 만드는 편이다. 긍정적인 자세를 갖고 덤벼들어도 어려울 판에 부정적인 시각으로 접근하면 상황만 어려워질 뿐이다. 물가는 지속적으로 올라가고 평균 수명도 길어지고 있어, 준비되지 않는 노후는 재앙이라는 말도 나온다. 나는 재테크 리스크로 인해 부정적인 이유를 찾는 사람들에게 다음과 같이 말한다.

본인들의 노후가 어떻게 될지 알고 있고, 또 자식들에게 어떤 것을 물려줄지 알면서도 가만히 있는 것, 즉 아무것도 바꾸려 하지 않으려는 것이야말로 진짜 무서운 것이라고 말이다. 누구나 처음 시작할 때는 어디서부터 어떻게 해야 하는지 감이 오지 않고 실행하는 것조차 두렵다. 꿈꾸는 목표가 실행 가능한 일이 되도록 한 발짝 한 발짝 움직여 나가야 한다. 그러다 보면 어느 순간 자신이 원하던 목표에 도착할 수 있을 것이다. 인생에 있어 실패를 한 번도 안 해본 사람은 새로운 시도를 한 번도 안 해본 사람과 마찬가지다. 그러니 매순간 도전하고 실패를 통해 성공에 한 발짝씩 다가가는 것이 중요하다.

시중에 나와 있는 자기계발서의 대다수는 사람들에게 긍정적으로 생각할 것을 주문한다. 부정적으로 생각하라는 메시지를 주는 자기계발서는 단 한 권도 없다. 기술보다 마인드가 우선이다. 아무리 뛰어난 경매 기술이나 지식을 전달해도 마인드가 부정적이고 불가능하다고 믿는 이들에게는 흡수가 되지 않는다. 안 되는 이유만 찾으려 할 뿐 극복하려 하지 않기 때문이다. 할 수 있다는 생각을 가지고 투자하는 사람과 안 될 것이라고 생각하며 두려움을 갖고 투자하는 사람의 성공과 실패는 시작하기 전부터 갈린다. 최대한 긍정적 시각으로 성공할 수 있다는 확신을 가지고 뛰어들어야 한다. 그래야 원하는 것을 얻을 수 있다.

면밀한 시세조사로 수익률을 높여라

호가보다는 실제 거래가를 보라

부동산 경매에 참여할 때는 정확한 시세 조사를 통해 수익이 발생될 수 있는 입찰가로 낙찰을 받아야 한다. 이 점이 제일 중요하다. 감정가, 즉 경매 최초 가격을 맹신하고 경매 입찰을 참여하는 투자자나 현재 시중에 나와 있는 매도자가 팔고 싶어 하는 가격만 보고 입찰가를 선정하면 낭패를 볼 수 있다. 법원경매물건감정가는 법원이 검증된 공인기관에 의뢰하면 감정평가사가 해당 물건지로 나가 조사를 벌여 책정된다. 그리고 실제 부동산의 가격 및 주변 환경을 기반으로 최초 부동산 경매 가격이 정해진다. 감정가는 최대한 높은 가격에 형

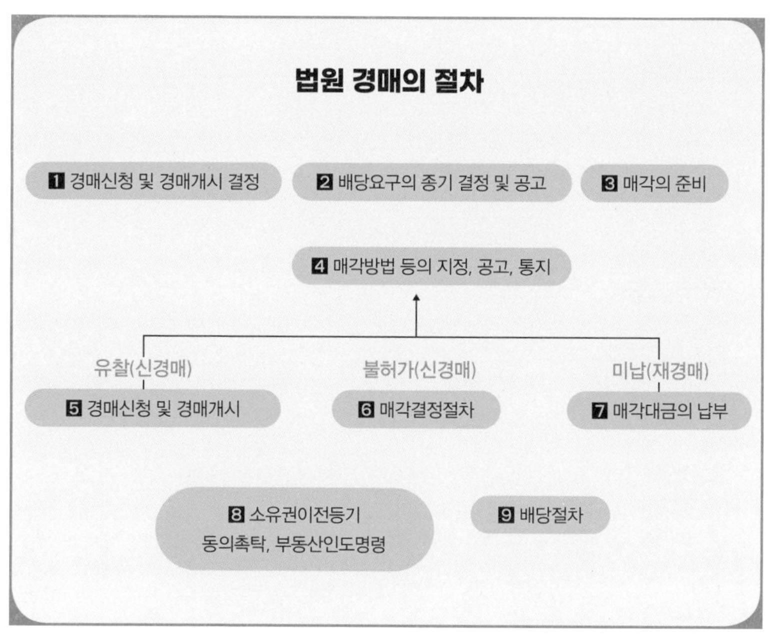

성된다. 이유는 최대한 높은 가격으로 부동산이 팔려야 채무자에게 걸려 있는 채무금액을 전부 변제할 수 있기 때문이다. 그리고 모든 부채를 다 갚고 남은 금액은 채무자에게 일정 부분을 돌려줄 수 있기 때문이다.

투자자 입장에서는 최대한 낮은 가격에 부동산을 구매해야 수익이 나오기 때문에 절대 감정가를 맹신하면 안 된다. 또한 부동산의 시세를 조사할 때는 매도자가 팔고 싶어 하는 일명 호가라고 하는 가격을 보지 말고 그 뒤에 감춰진 실제 거래가를 확인해야 된다. 호가는 팔고 싶은 사람이 매기는 가격으로 팔리면 좋고 안 팔려도 그만인

잉여주의

경매 대금으로 경매 신청 채권자의 채권액과 경매 비용을 완전히 변제하고도 잉여가 있을 경우에만 부동산 차지를 허가한다는 법원 경매의 일반 원칙. 집행법원은 법원이 정한 최저경매가격으로 압류채권자의 채권에 우선하는 부동산상의 모든 부담과 경매비용을 변제하면 남는 것이 없다고 인정한 때에는 이러한 사실을 압류채권자에게 통지하고, 압류 채권자 스스로 매수할 것인지를 확인한 후, 충분한 보증을 제공하지 않는 한 경매절차를 법원이 직권으로 취소하게 된다.

부동산인도명령

매수인이 대금을 낸 뒤에 6개월 이내에 신청하면 법원이 채무자나 소유자 및 부동산 점유자에 대하여 부동산을 매수인에게 인도하도록 하는 명령이다. 부동산인도명령을 신청할 수 있는 자는 낙찰인과 낙찰인의 상속인 등 일반 승계인에 한하며 경락대금이 완납되었으면 소유권이전등기가 이루어지지 않았어도 인도명령을 신청할 수 있다.

인도명령신청

인도명령신청은 경락대금을 완납한 경락인에게 부여된 집행법상의 권리이므로 경락인의 경락 부동산을 제3자에게 양도했다 하더라도 경락인만이 인도명령을 구할 수 있는 권리가 있다. 종전 소유자가 인도명령에 기한 인도를 거부하는 경우에는 경락인이 법원으로부터 송달받은 인도명령 정본과 송달증명서를 집행관에게 제출하여 집행을 위임하여 처리할 수 있다.

가격이다. 투자자들은 빠른 단기매도 및 임대를 통해 수익을 만들어야 하므로 실제 급매가를 확인하고 그로 인해 발생되는 정확한 수익률을 보고 입찰을 해야 한다. 그렇게 선정한 부동산이 단독 낙찰되면 그것이 최고의 투자 방법이다.

조금이라도 빠르게 명도하라

권리분석을 해보았는데 경매 취하 가능성이 낮다면 바로 명도를 진행해야 한다. 이 말은 조금이라도 빠르게 명도를 해야 수익을 극대화할 수 있다는 의미다. 시간이 길어질수록 투자 수익률은 감소된다. 해당 물건에 대출이자, 공실로 인한 임대 및 매도 수익 감소 등이 발생할 수 있기 때문이다. 시간이 지체될수록 수익률은 감소된다는 점을 명심해야 한다. 명도를 잘 하기 위해서는 전문가처럼 행동해야 한다. 낙찰받은 물건의 세입자 혹은 채무자들은 경매진행 6개월이라는 시간 동안 많은 정보를 습득하여 본인들에게 유리한 방향으로 이끌어가려 한다.

명도

점유인을 퇴거시키고 거기에 있는 동산을 철거한 후에 인도하는 것으로 명도는 인도의 한 형태다.

요즘은 인터넷이 발달되어 있어 조금만 검색해보면 경매당한 집에 대처하는 방안을 손쉽게 알 수 있다. 자칫 잘못하면 무리한 이사비용을 요청하거나 거주지 이사를 위해 무한정 기간을 연기하는 사유가 생길 수 있다. 그렇기 때문에 세입자나 채무자의 페이스에 말려들지 않게 주의해야 한다. 최대한 편의를 봐주는 입장에서 이야기를 해야 한다. 최악의 상황에는 법적 강제 집행을 염두에 두어야 한다. 따라서 부동산 경매 공부를 통해 철저한 명도 계획을 잡고 실행해야 한다. 모든 절차를 잘 거쳐서 최적의 경매 낙찰 성과를 올렸는데 명도에서 많은 시간을 소요하고 애를 먹으면 소용이 없다. 마지막 명도까지 완벽하게 끝내야 최고의 수익을 보장받을 수 있다.

입찰 전에 이것만큼은 알아둬라

임장 확인과 세법 습득은 필수

부동산 경매 입찰 전 임장 확인은 필수다. 본인이 조사한 부동산 시세조사 및 주변환경 조성이 일치하는지 여부에 대해 꼭 확인해야 한다. 세입자와 채무자를 직접 대면하고 집에 하자나 유지보수 등의 문제를 이야기하면서 물건의 내부를 확인하면 최상의 임장이 된다. 하지만 보통 경매물건은 세입자나 채무자를 만나지 못하는 경우가 많다. 그러면 최소한 이웃주민이라도 만나 물건의 하자 여부 및 부동산 시세를 확인하는 노력을 기울여야 한다. 또한 주변 부동산 중개업소를 방문하여 시세 및 급매가를 조사하고 수요와 공급을 면밀히 파

양도소득세율 개정안(2022년 7월 이후 변경)

현행		개정안	
과세표준(단위: 만 원)	세율	과세표준(단위: 만 원)	세율
~1,200	6%	~1,400	6%
1,200~4,600	15%	1,400~5,000	15%
4,600~8,800	24%	5,000~8,800	24%
8,800~15,000	35%	현행과 동일	
15,000~30,000	38%		
30,000~50,000	40%		
50,000~100,000	42%		
100,000~	45%		

자료: 국세청

악해야 한다. 이런 치밀한 계획 없이 무작정 임장에 임하면 컴퓨터에서도 볼 수 있는 로드뷰만 보다가 오는 것과 같다. 헛수고를 하지 않고 실속 있는 임장의 결과를 얻기 위해서는 면밀한 사전 준비가 필수라고 할 수 있다.

양도소득세 등 부동산 관련 세법을 완벽하게 습득하는 것도 필수다. 모든 부동산은 구매하는 동시에 취득세와 등록세가 발생된다. 취득세와 등록세는 등기부등본상 단 하루를 소유했더라도 납입해야 한다. 양도소득세는 보유 기간에 따라 납입이 면제되기도 하고 징벌적 과세가 이루어지기도 한다.

조정대상지역 양도세 증과세율

구분	현행	개정
1세대 2주택	10%	20%
1세대 3주택 이상	20%	30%
주택 수 산정	주택과 조합원 입주권	분양권(2021.01.01.)

※ 합산공제한도 + 10% 인상으로 최대 80% 공제 가능

기존 현행 세법에 따르면 장기보유특별공제의 경우 보유기간만을 계산해서 3년에서 10년까지 24~80%까지 적용되고 있었다. 2021년 1월 1일 이후 양도분부터는 보유기간과 거주기간을 나누어 적용하고 있다. 예를 들면, 10년 보유, 5년 거주 후 매도한다고 가정했을 경우 현행 규정에 따르면 80%의 공제율을 받게 되지만 2021년 1월 1일 이후에는 보유기간 40%, 거주기간 20% 총 60% 공제밖에 받지 못하게 된다. 보유기간은 많지만 실제 거주하시지 않는 분들은 2021년 이전에 매도를 하거나 거주기간을 확보하는 등의 전략을 구사할 필요가 있다.

조정지역 인상/분양권 주택 포함 2021년 6월 1일 이후 조정대상지역의 경우 양도소득세 중과세율이 10~20%에서 20~30%로 증가된다. 핵심은 1주택자가 조합원입주권이나 분양권도 주택 수에 포함된다는 점을 숙지해야 한다. 양도소득세 인상은 2021년 6월 1일부터 적용되지만 분양권 주택포함은 2021년 1월 1일부터 적용된다.

2021년 6월 1일 이후 양도분부터 2년 미만 보유한 주택 및 조합원입주권, 분양권 등에 대한 단기 양도소득세율이 인상된다. 종전에는 1년 미만의 경우만 40%를 적용했으나 개정 세법에는 1년 미만 70%, 2년 미만 60%의 세율을 적용하고 있다. 조정대상지역 내의 분양권에 대해서만 50% 세율을 적용하는 현행법과는 달리, 2021부터 지역불문 1년 미만 70% 1년 이상 60%의 세율을 적용하고 있다. 2021년 양도소득세율 및 기타 세금의 변화는 기존에는 3주택 이상의 다주택자 중심의 규제였으나 현재는 2주택자에 대한 세율이 크게 올랐다. 양도소득세 중과세의 경우에는 2021년 6월 1일부터 적용하고 있으니 일시적 2주택 중과 배제 여부와 양도나 증여를 고려해보아야 한다.

부동산 경매는 흙속에서 진주를 찾는 것

조급한 마음으로 경매물건을 고가에 낙찰받는 불상사는 피해야 한다. 경매입찰에 참여해 번번이 패찰이 되면 마음이 조급해져 입찰가를 올려서 적게 된다. 부동산 경매는 흙속에서 진주를 찾는 것과 같다. 조급하게 달려들면 꼭 사고가 나거나 적자를 볼 수 있다. 낙찰을 받으려고 경매를 하는 것이 아니라 수익을 보기 위해서 경매를 한다는 점을 염두에 두고 있어야 한다. 부동산 경매물건은 지속적으로 쏟아지고 있으며 진주는 어딘가에는 존재한다. 천천히 자신만의 소신을 가지고 조금씩 수익을 내겠다고 생각해야 한다. 그러다가 간혹 진주를 찾아 큰 수익을 만드는 것이 부동산 경매의 매력이다.

부동산 경매에 관심이 많은 사람들끼리 정보를 공유하는 각종 모임이 있다. 투자 동호회가 결성되어 있기도 하고 스터디를 하는 그룹도 많다. 소액을 모아서 공동투자를 하고 그 수익금을 나눠 갖는 모임도 있다. 요즘 모든 모임이 그러하듯 부동산 경매 관련 모임도 온라인으로 이루어지는 경우가 많다. 각 지역별로 경매에 관심이 많은 이들이 카페나 밴드 등을 결성해 관련 소식을 공유하며 건전한 투자를 독려한다. 이러한 온라인 또는 오프라인 모임을 통해 유익한 정보를 공유하는 것은 바람직하다. 공동의 관심을 가진 이들이 정보를 나누고 의견을 교환하며 상식을 쌓아가는 것은 학습에 많은 도움이 될 수 있다.

어떤 것이 잘 받은 낙찰일까?

부동산 경매가 끝나면 낙찰을 잘 받았냐 잘못 받았냐는 평가가 따르게 마련이다. 판단 기준은 2등, 즉 차순위와 입찰가 차이가 얼마나 발생했느냐가 된다. A아파트를 부동산 경매로 낙찰받은 금액이 2등과 50만 원밖에 차이가 나지 않으면 경매법원에는 환호성이 나오고 분위기가 뜨거워진다. 반면 B아파트를 부동산 경매로 낙찰받은 가격이 2등과 1,000만 원이나 차이가 나면 주변에서 안타까움을 표시하

차순위매수(입찰)신고

최고가 입찰자 이외의 입찰자 중 최고가 입찰액에서 보증금을 공제한 액수보다 높은 가격으로 응찰한 사람은 차순위입찰신고를 할 수 있다. 차순위입찰신고를 하게 되면 매수인이 낙찰대금을 납부하기 전까지 보증금을 반환받지 못한다. 최고가 입찰자에 국한된 사유로 낙찰이 불허되거나 낙찰이 허가되더라도 그가 낙찰대금을 납부하지 아니할 경우 다시 입찰을 실시하지 않고 바로 차순위입찰신고인에게 낙찰을 허가하므로 유리할 수도 있지만, 실무에서는 많이 하지 않는다.

는 탄성이 나온다. 괜히 싸게 살 수도 있는데 비싼 가격으로 입찰했다는 아쉬움의 표현이다. 이렇듯 2등으로 낙찰을 받지 못한 자와 얼마나 근소한 차이로 앞서 낙찰을 받았는지 여부에 따라 잘 받은 낙찰과 잘못 받은 낙찰이 갈린다.

그럼 질문을 한 번 해보자. 과연 두 명의 투자자 중에 누가 낙찰을 잘 받은 것인가? 보통 사람들은 A아파트를 50만 원 차이로 낙찰받은 사람이라고 생각할 수 있다. 부동산 경매는 일반 부동산 매매와 다르게 본인이 수익을 측정하고 그 수익이 나올 수 있는 가격을 제시하여 부동산을 구매하는 구조다. 그렇기 때문에 둘 중 누가 잘 받았다고 단정할 수 없다. 내가 원하는 수익, 예를 들어 500만 원부터 1억 원까지 원하는 수익에 맞는 입찰가를 작성하고 낙찰을 받았다면 낙찰을 잘 받았다고 할 수 있다. 경매 입찰 시 차순위, 즉 2등과 얼마의 입찰가 차이가 났는지는 중요하지 않다는 말이다. 2등과의 차액을 기준으로 잘 받은 물건이라고 섣부르게 판단하는 것은 금물이다.

임의경매 및 강제경매를 이해하라

경매란 경쟁매각의 줄임말로 서로 경쟁하여 최고가로 응찰한 사람에게 매각하는 방식의 거래를 의미한다. 법원에서 진행되는 경매는 임의경매와 강제경매로 나뉘게 된다. 대부분의 사람들은 임의경매와 강제경매라는 단어조차 모른다. 몰라도 크게 지장은 없지만 절차상 약간 다른 면이 있어 경매인이라면 최소한의 내용은 알고 있어야 한다. 우선 임의경매란 일반적 담보권의 실행을 위한 경매를 말한다. 채무자가 채무를 임의로 이행하지 않을 때 근저당권 또는 전세권 등의 담보권을 가진 채권자가 담보권을 행사하여 담보의 목적물을 경매로 매각한 다음 그 매각대금에서 다른 채권자보다 먼저 채권을 회수하는 집행절차다.

좀 더 풀어서 이야기하면 채무자의 채무 불이행 시 채권자가 저당권, 근저당권, 전세권, 담보가등기 등의 담보권의 실행을 통해 자기 채권을 회수하는 절차를 말한다. 흔히 대부업체는 부동산을 담보로 돈을 빌려주고 이자나 원금의 회수가 어려울 때 담보로 잡은 부동산을 경매시스템을 통해 현금화시켜 채권을 회수하게 된다. 담보권자가 임의로 법원에 경매신청하면 바로 경매를 진행한다. 대부분의 경매가 임의경매에 속하며, 강제경매와 달리 별도의 재판을 거치지 않고 곧바로 법원에 경매신청을 할 수 있다.

가등기

절차적으로 종국등기를 할 수 있을 요건을 구비하지 못한 경우나 권리의 설정, 이전, 변경, 소멸의 청구권을 보전하려고 할 때 본등기를 위하여 그 순위를 보존하게 하려고 미리 해두는 행위다. 원활하게 소유권 이전을 하기 위하여 등기순위를 확보하는 제도로 가등기에 기하여 본등기를 하게 되면 본등기의 순위는 가등기의 순위로 올라가게 된다.

이번엔 좀 더 복잡한 강제경매에 대해 이야기해보겠다. 채무자 소유의 부동산을 압류, 환가하여 그 매각대금을 가지고 채권자의 금전채권을 만족시키기 위해 집행하는 절차다. 풀어서 쉽게 이야기하면 통상 지인에게 돈을 빌려주고 차용증을 받게 되는데 채무자가 변제할 능력이 없어지고, 재산 또한 없다면 차용증은 종잇조각이 된다. 그로 인해 빌려준 돈을 받기 위해 화도 내보고, 빌어도 보지만 이렇게 지내다 보면 몸과 마음에 상처만 입는다. 그런데 어느 날 채무자가 아파트로 들어가는 것을 보고 바로 등기부등본을 발급해 채무자가 그 아파트의 소유자가 된 것을 확인하게 됐다고 하자. 그럼 돈을 받을 수 있는 방법이 생긴 것이다.

채무자를 만나 해당아파트 소유를 확인했으니, 현금이 없으면 해

임의경매와 강제경매

구분		임의경매	강제경매
차이점	경매신청	담보권실행에 의함	집행권원에 의함 (판결문, 공정증서 등)
	집행대상	담보권(저당권, 전세권, 질권, 유치권 등)이 설정된 부동산	임의경매대상 외 모든 부동산 (일반채무나 임대차 등)
	배당관계	담보권이 설정된 순서에 따른 순위 배당	안분(비율)배당
	경매취하시기	대금 납부 전까지 가능함	매각 이후 매수인의 동의서 필요함
	공신력	없음	있음
공통점	경매절차	경매개시결정부터 낙찰에 따른 소유권 이전까지 절차가 동일	
	집행주체	자력구제가 금지되므로 집행기관인 법원이 주체가 됨	

당 아파트의 근저당을 설정해 달라고 한다. 하지만 채무자는 이런저런 이유로 회피할 것이고, 어쩔 수 없이 채무자 동의 없이 차용증만 가지고 해당 아파트에 가압류를 설정하게 된다. 이때 채무자가 동의하지 않았다고 차일피일 시간을 보내면 악의적인 채무자는 자신 명의의 부동산을 매각하거나 매매가보다 높은 근저당을 설정해 깡통주택을 만들 수 있다. 이런 경우 우선적으로 가압류라도 걸어야 한다. 이렇듯 지속적으로 채무를 변제하지 않아 가압류 권리를 가지고 소송을 통해 경매를 집행하는 것을 강제경매라고 보면 된다.

임의경매와 강제경매의 차이는 여러 가지다. 임의경매는 돈을 빌

매각결정기일

입찰을 한 법정에서 최고가 입찰자에 대해 낙찰허가 여부를 결정하는 날로 입찰법정에서 선고한 후 법원 게시판에 공고만 할 뿐 매수인, 채권자, 채무자 기타 이해관계인에게 개별적 통고는 하지 않으며 통상 경매기일로부터 7일 이내에 결정한다. 낙찰허가 결정이 선고된 후 1주일 내에 이해관계인(매수인, 채무자, 소유자, 임차인, 근저당권자 등)이 항고하지 않으면 낙찰허가 결정이 확정된다. 이후 매수인은 법원이 통지하는 대금납부기일에 낙찰대금을 납부해야 하고 대금 납부기일은 통상 낙찰허가 결정이 확정된 날로부터 1개월 이내로 지정한다.

려줄 때 채무자의 동의를 얻어 등기부등본에 그 내용을 기재한 경우에 진행 가능하다. 그래서 채무자가 채무를 변제하지 않을 경우 경매신청이 보다 쉬워진다. 그러나 등기부등본에 기재가 되지 않은 일반 채권을 받아 내려면 상황은 좀 달라진다. 그 채권이 진정한 권리인지 금액은 얼마인지 인정을 받아야 경매신청이 가능하다. 그래서 법원에 채권을 회수하기 위해 소송을 진행하여 채권이 있음을 인정받아야 한다. 승소하면 그 판결문을 가지고 경매를 신청하게 된다. 이것이 강제경매다. 그렇기 때문에 강제경매는 임의경매보다 더 강력한 힘을 가진다.

임의경매의 경우 입찰과정에서 낙찰자가 선정되어 매각이 허가 되더라도 채권자가 취하시키면 경매 절차가 취소될 수 있다. 그러나 강제경매의 경우 낙찰자가 선정된 후엔 채권자가 임의로 경매를 취하할 수 없고 법적으로 낙찰자의 취하동의서가 제출되어야만 취하가 가능해진다. 이렇듯 강제경매와 임의경매의 차이점을 알고 경매투자에 참여하면 입찰가 선정에 도움을 얻을 수 있다. 경매라는 형태는 같지만 배경과 절차는 전혀 다르다. 양자의 차이를 제대로 알고 상황에 맞게 대처해가면서 입찰에 응하는 자세가 필요하다.

부동산 경매 배당 3원칙과 배당 순위

부동산을 현금화하여 배당할 때의 원칙

부동산 경매의 궁극적 목적은 채무자들에게 부동산을 현금화하여 배당하는 것이다. 여기서 배당이란 채무자의 부동산을 경매로 처분해 그 매각 대금으로 부채를 청산하는 절차를 말한다. 그러니 경매 투자자라면 어느 정도 배당 순서와 원칙을 알고 있어야 한다. 그 순서와 원칙은 엄격히 법률로 지정하고 있다. 그래서 반드시 숙지하고 있어야 한다.

배당의 원칙부터 간략하게 설명하면 첫 번째 원칙으로는 '선순위 채권자 우선' 원칙이 있다. 그렇다고 무조건 선순위 채권자부터 돈을 돌려주는 것이 아니며, 물권은 물권의 본질대로 채권은 채권의 본질대로 인정하게 된다.

배당 두 번째 원칙은 물권은 흡수배당을 한다는 것이다. 예를 들어, 전세권, 근저당 등은 물권으로 분류된다. 이 경우 다른 후순위 채권자보다 먼저 돈을 돌려받는 우선 변제권이 있다. 먼저 배당한 다음에 남은 돈을 후순위 채권에 배당하게 된다. 이를 흡수배당이라 한다. 후순위 채권자의 배당 부분까지 흡수하여 돈을 돌려받는다는 의미로 보면 된다.

배당 세 번째 원칙은 채권은 무조건 안분배당을 한다는 것이다. 안분배당이란 우선변제권이 없는 모든 채권끼리 채권자 평등의 원칙에 따라 순위에 상관없이 평등하게 배당받는 것을 말한다. 이 같은 사항을 먼저 인지하고 배당순위를 확인하면 된다.

가장 먼저 배당받는 것은 무엇일까?

1순위로 먼저 배당받는 것은 경매진행에 필요한 비용으로 선공제된다. 해당 경매물건을 진행하기 위해 필요한 감정평가 수수료, 인지대, 등기부 발급비용, 각종서류 발급비용, 송달료, 등기촉탁비용, 경매신청 및 완료 시까지 들어가는 전체비용을 일컫는다.

추가적으로 1순위 배당받는 것은 필요비 및 유익비다. 부동산 경매 목적 물건에 소유권, 지상권, 전세권, 대항력 있는 임차권을 취득

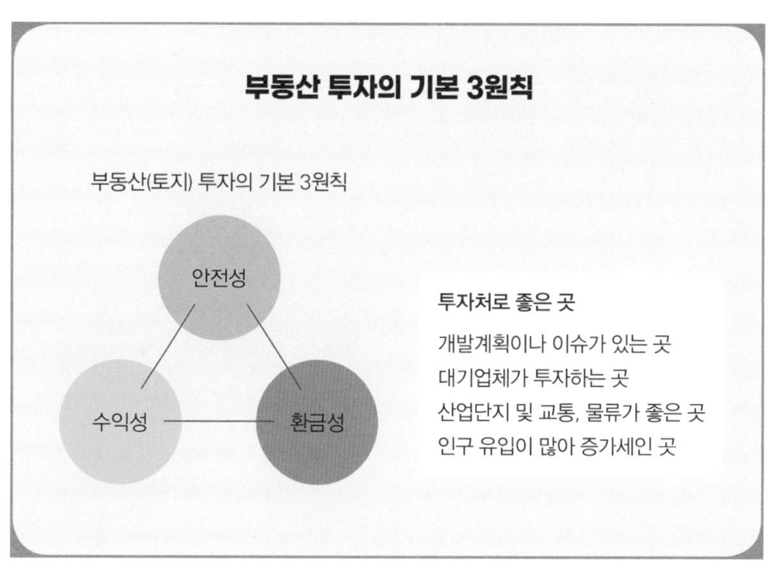

한 제3취득자가 그 부동산의 보존 및 개량을 위해 지출하는 필요비 또는 유익비를 말한다.

2순위로 지출되는 금액은 소액보증금(소액임차인) 및 선순위 임금 채권 등의 최우선변제금이다. 주택임대차의 소액보증금 중 일정액, 상가임대차의 소액보증금 중 일정액이 해당된다. 최우선변제금이란 상대적으로 경제적 약자인 임차인을 보호하기 위해 최우선적으로 배당을 받을 수 있게 한 권리다.

단, 임차인의 모든 보증금을 최우선적으로 변제받는 것이 아니라, 보증금 중 일부분인 소액보증금을 최우선으로 배당받게 된다. 누군가는 불공정하다고 생각할 수 있지만 이 제도가 없다면 경제적 약자

주택임대차보호법 최우선변제금

권리	배당 순위	
1순위	경매 집행비용, 유익비, 필요비	경매 집행비용과 예납금, 경매주택에 사용된 비용
2순위	최우선변제금(소액임차인), 임금채권	주택과 상가 임대차보호법에 소액임차인 근로기준법에 따를 최종 3개월의 임금채권, 최종 3년의 퇴직금, 재해보상금
3순위	당해세	경매 부동산에 부과된 국세와 지방세
4순위	담보물권, 확정일자를 갖춘 임차권, 당해세 이외의 조세채권	배당을 요구한 전세권, 저당권, 담보가등기, 근저당권, 임차권등기, 확정일자를 갖춘 임차인의 보증금, 당해세 이외의 국세와 지방세
5순위	일반 임금채권	2순위 임금채권을 제외한 기타 임금채권
6순위	담보물권보다 늦은 조세채권	담보물권보다 늦은 국세, 지방세
7순위	공과금	국민연금, 건강보험료, 산업재해보험료
8순위	일반채권	우선변제권이 없는 과태료, 채권가압류, 확정일자가 없는 임차인의 보증금

자료: 법원경매상담센터

인 임차인은 수시로 전세금이나 보증금을 날릴 수 있다는 점을 상기하면 이해가 되는 내용이다.

3순위는 당해세로 (세금)압류가 없어도 우선배당된다. 경매목적물 자체에 부과된 국세, 지방세, 당해 재산에 대하여 부과 된 상속세, 증여세 또한 당해 재산에 대하여 부과된 지방세, 재산세, 종부세, 자동차세, 도시계획세 등을 포함한 가산세가 해당된다. 당해세란 해당 경

대항력

주택임차인이 임차주택을 인도받고 주민등록을 마치면 그 다음날부터 그 주택의 소유자가 다른 사람으로 변경되더라도 임차권을 가지고서 대항할 수 있는데, 이 힘을 주택임차인의 대항력이라 부른다. 임차보증금 전액을 반환받을 때까지 주택임차인이 새로운 매수인에 대하여 집을 비워 줄 필요가 없다는 것이지만, 대항요건을 갖추기 전에 선순위 권리가 있었다면 대항력이 인정되지 않는다.

매물건에 대한 세금과 가산금을 말한다. 경매 배당에 있어 당해세는 우선의 원칙이 있으며, 소액임차인의 최우선변제금 다음으로 근저당, 저당, 선순위 전세권 등의 다른 담보물건보다 우선 배당받게 된다. 세금은 국가가 거둬들이는 돈이지만 어찌 생각하면 온 국민이 공동소유하는 돈이라고 생각할 수도 있다. 그러니 당해세도 중요성 면에서 우선 배당의 대상이 된다.

4순위는 우선변제권이 인정되는 담보물권과 채권, 임차권이다. 경매에 나온 부동산에 걸려 있는 압류, 가압류, 근저당, 전세권 대항력 있는 임차인 등은 최초 설정일에 따라 차등적으로 배당을 받게 된다. 그 외에 배당순위까지는 통상 배당을 하지 않고 있기 때문에 주요 배당순위에 대해 인지하고 있으면 된다. 부동산이 경매로 매각될 경우 그 매각대금에서 가지고 있는 권리의 순위에 따라 배당순위가 정해진다.

위와 같이 모든 분배가 끝나고 남은 금액이 있다면 채무자가 가져가고, 만약 경매 배당금이 모자라면 순위가 뒤쪽에 있는 사람은 경매

시 배당을 한 푼도 받지 못하게 된다. 그러니 물건마다 대략적인 배당순위를 알고 접근하는 것이 견고한 입찰가를 선정할 수 있는 비결이 된다.

특수물건 중 유치권 완전 정복

길거리를 다니다보면 눈에 띄는 유치권 행사

부동산 경매물건과 관련해 유치권이라는 단어를 자주 접하게 된다. 길거리를 다니다 보면 공사 중인 건물, 또는 준공된 건물 외벽에 유치권을 행사하고 있음을 알리는 대형 현수막이 걸려 있는 것을 볼 수 있다. 유치권의 개념부터 짚어 보겠다. 유치권은 '공사업자가 건축을 하는 과정에서 공사비를 받지 못하는 경우 공사비를 받을 때까지 그 건물을 반환하지 않을 수 있는 권리'를 말한다. 이 설명도 다소 어렵다면 이렇게 예를 들어보자. 카센터에 가서 차를 수리하라고 맡겨놓고 찾으러 갈 때 수리비를 납부하지 않으면 보통 카센터 사장은 수

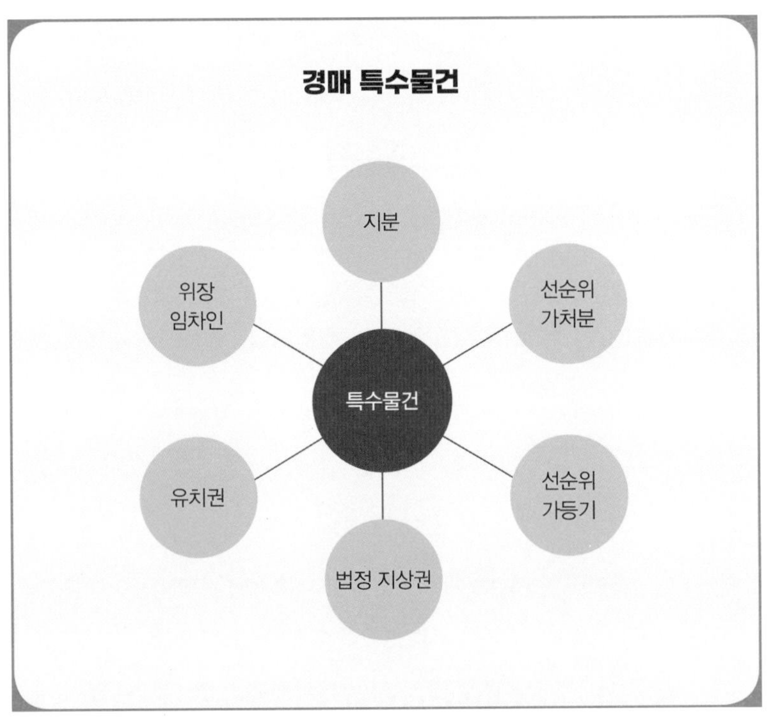

리비를 줄 때까지 돌려줄 수 없다고 주장한다. 이것과 같은 개념으로 이해하면 된다.

유치권은 경매 낙찰 후 배당받는 것에 대해 우선변제권이 없다. 그래서 배당받지 못하고, 낙찰자에게 채권변제를 받을 때까지 부동산 인도를 거부할 수 있어 실제로는 우선변제권과 동일한 효과가 있다고 생각하면 된다. 유치권은 등기를 요하지 않으며 법원에 신청하여 유치권 행사 여부를 알려줄 수 있다. 유치권은 다음 네 가지를 전부 충족해야 성립할 수 있다. 네 가지 중 한 가지라도 성립되지 못하면 유치권을 행사할 수 없다. 유치권은 등기를 필요로 하지 않는 권리지만 나름 강력한 권리라 할 수 있다. 따라서 유치권에 대해서도 정확하게 숙지하고 있어야 한다. 유치권도 권리 당사자의 입장에서 생각해보면 충분히 납득이 가는 권리 행사라고 할 수 있다.

우선변제
담보물권을 실행할 때 채권의 담보로 제공한 물건에 대하여 다른 채권자보다 먼저 변제를 받는 일, 민법에서 질권자, 저당권자, 전세권자에게 인정된다. 대항요건(주택인도, 주민등록)과 주택임대차계약서상에 확정일자를 갖춘 임차인은 임차주택이 경매나 공매될 경우 임차주택의 환가 대금에서 후순위 담보권자나 기타 채권자에 우선하여 보증금을 변제받는다.

유치권의 성립 요건은 첫째, 해당 부동산으로부터 발생되어야 하며, 그 외 타 부동산은 인정되지 않는다. 또한 제3자에게 발생된 권리여야 한다. 둘째, 건물의 가치를 상승시킬 만한 공사여야 하며, 단순히 내부 인테리어, 시설투자에 관한 공사는 인정되지 않는다. 셋째, 채권이 변제기에 도래해야 한다. 즉, 공사대금을 주기로 한 날짜가 지나야 하며, 경매개시결정 이전에만 허용한다. 넷째, 경매개시 결정등기 전 해당 목적물을 점유하고 있어야 한다. 매각물건명세서, 현황조사보고서, 감정평가서 등에 기재되어 있는 특이사항 및 현장 사진을 보면 유치권자가 권리신고만 해놓고 실제 점유를 했는지 안 했는지를 판단할 수 있다. 실제 유치권자가 점유를 하고 있다는 내용이 없다면 해당자료를 근거로 유치권 배제 소송을 유리하게 진행할 수 있다.

다세대주택에 설정된 유치권의 90% 이상은 허위 유치권

경매물건에 유치권이 설정되어 있으면 통상 유찰되는 횟수가 증가한다. 낙찰받고 난 후 유치권자로부터 낙찰가 외에 별도로 투자비용 손실을 볼 수 있고, 법적 공방에 대응해야 하기 때문에 유치권이 설정된 물건은 기피하게 된다. 단, 아파트, 빌라, 다세대주택에 설정된 유치권은 90% 이상이 허위 유치권이라고 보면 된다. 부동산이 경매에 넘어가게 되면 채무자에게 돈을 빌려준 사람들이 유치권부터 신고하기 때문이다. 유치권 신고의 경우 누구든 법원에 신고서만 제출하면 법원은 아무런 확인과정 없이, 즉 수리이력 및 통장 출고 내역 등을 확인하지도 않고 받아준다. 가령 1,000만 원에 대해서만 유치권을 신고해야 하지만 실수로 1억 원이라고 적어도 신고를 받아주기 때문에 신뢰성이 없다고 보면 된다.

유치권이 걸려 있는 부동산은 투자자들이 구매를 꺼려하기 때문에 그 가격이 지속적으로 하락하게 된다. 유치권으로 인해 원활한 배당이 이루어지지 않을 수 있다고 생각하는 것은 당연하기 때문에 아무래도 구매를 꺼릴 수밖에 없다. 부동산 가격이 하락하면 누가 제일 손해를 보게 될까? 당연히 채무자들이다. 부동산이 높은 가격에 매각되어야 보다 많은 채무를 변제받을 수 있기 때문에 채권자들이 경매방해죄로 신고를 하거나, 유치권 배제신고서를 작성하여 법원에 제출하기도 한다. 따라서 최초 설정된 근저당권자에게 유치권의 성립 여부를 문의하는 것도 하나의 방법이 될 수 있다.

매각물건명세서

법원이 경매에 입찰하려는 사람들에게 제공하기 위해 매각할 물건의 현황과 권리관계, 감정평가액 따위의 내용을 자세하게 적은 문서다. 법원은 부동산의 표시, 점유자의 권원, 점유할 수 있는 기간, 차임 또는 보증금에 관한 관계인의 진술 등을 작성한다. 여기에 등기된 부동산에 대한 권리나 가처분 등 매각으로 효력을 잃지 않는 것과 지상권의 개요, 토지별도등기, 특별매각조건 등의 내용이 작성되며 매각기일 1주일 전까지 법원에 비치하여 누구든지 볼 수 있도록 하고 있다.

현황조사보고서

법원은 경매개시 결정을 한 후 지체 없이 집행관에게 부동산의 현상, 점유관계, 차임, 또는 임대차 보증금의 수액 기타 현황에 관하여 조사할 것을 명한다. 통상 집행관이 이를 작성하며 그 조사내용을 법원에 제출하게 되고, 누구든지 볼 수 있도록 하고 있다.

감정평가서

재판에 도움을 주기 위해 재판에 관련된 특정한 사항에 대해 그 분야의 전문가가 의견과 지식을 보고하는 일이다. 토지 등의 경제적 가치를 가액으로 표시하는 것으로, 국가에서 시험을 통해 선출한 감정평가사가 공시지가 및 각종 공공사업 및 세금, 관리처분, 경매, 소송 등을 위해 금액을 산정하게 된다. 경매에서는 이를 초매각 가격을 정하는 기준으로 삼는다. 보통 평가가격은 표준지의 공시지가에 시점요인, 지역요인, 개별요인, 기타요인을 감안하여 산정하게 되며, 그 내용은 누구든지 볼 수 있도록 하고 있다.

유치권 신고자들의 목적은 다양하다. 채권자들이 조금이나마 빌려준 돈을 받고자 허위 유치권을 설정할 수 있다. 또한 유치권이 설정된 물건은 지속적으로 유찰된다는 특성 때문에 싼 가격에 부동산을 구매하려고 허위 설정 수법을 쓰기도 한다. 또한 채무자 지인이 유치권 설정을 통해 낙찰자에게 끊임없이 돈을 요구하는 사례도 있다. 주택에 설정된 유치권은 90% 이상이 허위라고 보면 된다. 유치권자가 유치권을 행사하기 위해서는 세입자나 채무자가 거주하고 있는 해당 물건을 점유한 채 이탈하지 않아야 한다. 집에도 못 들어가고 지속적

유찰

입찰 결과 낙찰이 결정되지 아니하고 무효로 돌아가는 일이다. 응찰 가격이 내정 가격에 미달 또는 초과되는 경우에 일어난다. 입찰 불능, 즉 경매 입찰에 있어서 응찰자가 없어 낙찰되지 못하고 무효가 선언되어 다음 경매로 넘어가게 되는 것으로 통상 다음 입찰 때는 20~30%의 저감이 있다.

인 점유를 해야 한다는 것은 말이 되지 않는다. 수리해봐야 1,000만 원 사이로 유치권 금액이 설정되는데 수년간 해당 부동산을 점유해도 실익이 없는 경우가 많다.

감정평가사가 현황조사를 나가 보고 느낀 것을 전부 기재하게 되어 있는데 유치권자를 만났다는 내용이 기재되어 있지 않다면 이는 허위 유치권으로 볼 수 있다. 이러한 장치에도 불구하고 유치권이 걸려 있는 부동산을 꺼리는 이유는 유치권자를 만나 유치권취하서를 받아야 경락잔금대출이 실행되기 때문이다. 이런 전초과정이 힘들고 번거로워 꺼리는 것이다. 유치권자를 만나 무조건 취하서를 받아 물건을 낙찰받고 싶다면 유치권자에게 내용증명서를 먼저 발송해야 한다. 내용증명에는 점유이탈 및 유치권 신고기일이 도래하여 허위 유치권자 때문에 낙찰자가 손해 본 손해배상 전부와 부당 이득으로 그들이 취한 모든 것을 청구하고 고소를 진행하겠다는 내용을 담아야 한다.

이런 내용으로 내용증명을 보내면 친구, 가족, 지인, 컨설팅 업체 등 모든 허위 유치권자들은 고소 및 부당이득 내용을 듣고 겁에 질려 유치권을 취하하게 된다. 그러니 유치권 있는 물건이라고 해서 우선적으로 배제할 필요는 없다. 수익률이 높을 것으로 예상되면 해결할 수 있는 방안을 찾아야 한다. 누군가 유치권을 행사하고 있는 건물은 투자자 입장에서 꺼리게 되지만 실상을 파악해보면 거짓으로 유치권을 행사하는 경우가 많다. 이 점을 노리고 허위 유치권을 행사해 또 다른 이익을 챙기려는 것이다. 그러니 유치권이 행사 중인 물건이라 해서 무조건 기피할 필요는 없다.

경매의 함정을 피하기 위한 10계명

1. 감정가 맹신은 금물

법원 경매감정가는 감정하는 회사마다 차이가 있고 감정시점에따라 감정가가 들쭉날쭉할 수 있으므로 주의해야 한다. 법원 감정가가 시세보다 더 높을 수 있다는 얘기다. 최저 매각가를 시세와 비교하지 않고 단순히 감정가보다 떨어졌다는 이유만으로 낙찰받았다가는 큰 낭패를 보게 된다. 반드시 시세를 파악한 후 가격 흐름보다 15~30% 싸게 낙찰받아야 수익성이 있다. 평균 시세는 국토교통부 실거래가 공개시스템, 온라인부동산 시세조사, 네이버부동산, KB부동산시세 등을 활용하면 알 수 있다.

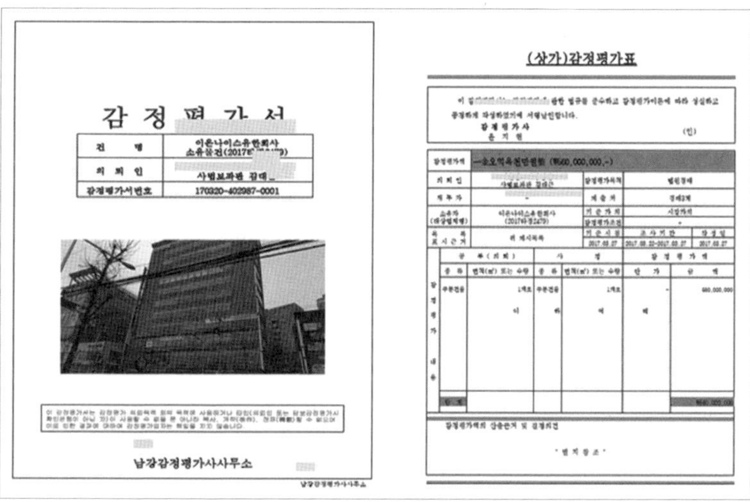
감 정 평 가 서

건 명	이몬나이스유한회사 소유물건(2017타경)
의 뢰 인	사법보좌관
감정평가서번호	170320-402987-0001

남강감정평가사사무소

(상가)감정평가표

감정평가액 (₩560,000,000.-)

감정평가표 작성일: 2017.03.27

감정평가사의 주요가치 및 결정의견

"별지참조"

감정평가서

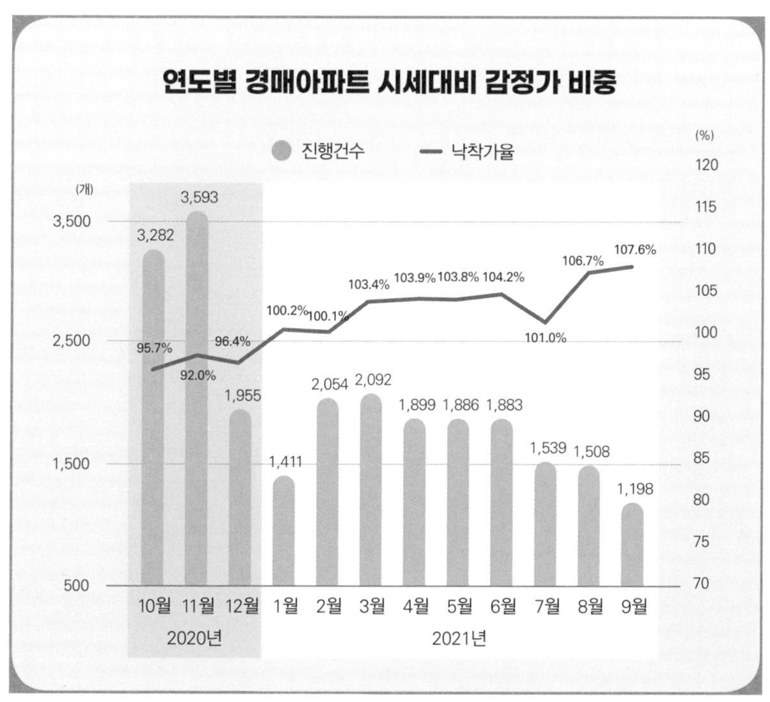

자료 : 지지옥션

2. 권리관계의 철저한 분석

법원경매물건은 일반 매매가격 또는 급매물건보다 저렴하지만 주택의 경우 대항력 있는 세입자가 점유하는 경우가 빈번하다. 또한 여러 번 유찰된 물건일수록 권리관계가 복잡하거나 하자가 있을 가능성이 높다. 따라서 입찰 전에 낙찰자가 인수하고 부담해야 할 부분은 없는지 꼼꼼히 확인해야 한다.

3. 실거주자일 경우 입주 시점은 넉넉히 잡아라

실거주를 목적으로 경매를 할 때는 보유하고 있는 전세자금 또는 소액보증금으로 참여하는 경우가 많다. 전세만료기간을 얼마 앞두지 않은 상태에서 낙찰을 받았는데, 낙찰받은 경매물건의 세입자가 항

즉시항고

재판 결정에 대하여 민사 소송에서는 7일, 형사 소송에서는 3일 안에 제기하는 불복 신청으로 보통 항고와는 달리 원칙적으로 집행 정지의 효력이 있다. 법원의 결정이나 명령에 대한 불복, 부동산 경매 절차에 있어 경락허가 결정에 대한 항고를 하면 집행정지의 효력을 가지며 결정이 확정될 때까지는 대금의 지급이나 배당기일 또는 신경매기일이 중지된다. 채무자나 소유자가 한 항고가 기각된 때는 보증으로 제공한 금전이나 유가증권을 전액 몰수하여 배당할 금액에 포함하게 되고, 그 외의 사람이 제기한 항고가 기각된 때에는 보증으로 제공된 금원의 범위 내에서 항고기각 결정이 확정된 날까지의 매각대금에 법정이자를 물게 되고, 나머지는 돌려받게 된다.

고(이의신청) 등의 절차에 돌입하면 오도 가도 못하는 신세가 된다. 보통 항고 판결은 최소 3~6개월이 소요되고 이사까지 하는 데 2~3개월이 더 소요된다. 따라서 실거주자일수록 입주 시점을 넉넉히 잡아야 하는 것이다.

4. 낙찰 전 부대비용 철저히 파악해야 한다

경매는 일반 매매에 비해 예상치 못한 비용이 들어가므로 이를 충분히 반영해 낙찰금액을 정해야 한다. 취득 시 취득세의 과세는 낙찰가격 기준이므로 일반매매보다 적다. 그러나 명도가 제때 이루어지지 않으면 명도소송을 해야 하므로 강제집행 비용이 발생될 수 있다. 협의가 잘 되더라도 이사비를 챙겨줘야 하는 상황이 발생하는 것이다. 따라서 입찰에 참여하기 전에 세입자의 상황과 여러 가지 비용을 사전에 감안해야 한다.

5. 현장 확인은 필수

경매 입찰에 참여하기 전 현장 확인이 아주 중요하다. 권리관계에는 하자가 없는 부동산이라 하더라도 실제 물건의 하자나 그 부동산 시설물 상태에 큰 문제가 있을 수 있기 때문이다. 예를 들어, 주택의 경우 장애인 또는 중환자가 거주하는 집이라면 명도가 쉽지 않다. 또한 건물 내부에 파손이 있어 낙찰 후 과도한 비용이 발생할 수 있다. 따라서 입찰 전 현장의 경매 부동산을 꼼꼼히 살피는 일이 권리분석만큼 중요하다.

6. 구체적인 자금 활용 계획을 세워야 한다

경매는 입찰당일 보증금으로 입찰가의 10%(재경매물건은 20%)를 납입하고, 낙찰이 되면 2주가 소요되는 매각허가 결정 후 약 1개월 이내에 잔금을 납입해야 한다. 구체적인 자금계획 없이 응찰했다가 잔금을 마련하지 못해 경매를 포기하는 사례가 있다(신용불량으로 대출불가, 물건의 특성상 대출불가, 대출한도가 부족해 대출불가). 잔금을 못 치르고 낙찰받은 경매물건을 포기하면 입찰보증금을 돌려받지 못하고 법원에 귀속되므로 주의해야 한다.

7. 입찰법원에서 사소한 실수에 주의해라

아무리 저렴하게 최고가 매수인으로 결정되어도 사건번호, 이름, 주민번호 등을 잘못 기재하는 입찰서류 오류를 범하거나 입찰보증금 일부 부족, 대리인 응찰 시 본인의 인감증명서 미첨부 등 입찰 조건을 제대로 이행하지 못하면 입찰자격이 취소된다. 따라서 입찰 전 사소한 실수를 조심하고, 사전에 입찰서류 기재란을 꼼꼼히 검토하고 살핀 후에 응찰해야 한다.

8. 입찰법원 분위기에 휩쓸리지 마라

경매법원은 항상 사람들로 가득하다. 투자를 결정한 물건이 아까워서 경쟁률을 의심해 가격을 높일 경우 수익성은커녕 자칫하면 손해를 볼 수 있다. 또한 입찰법원 투자자가 많더라도 수익성을 감안해 사전에 책정한 금액으로 응찰해야 후회가 없다.

9. 변경 및 연기 잦으면 요주의 물건

변경 및 연기가 잦은 물건은 채무자가 돈을 갚으려고 노력 중인

변경

경매진행 절차상의 중요한 새로운 사항이 추가되거나 권리가 변동하여 지정된 경매기일에 경매를 진행시킬 수 없을 때 담당재판부가 직권으로 경매기일을 변경하는 것으로 경매진행 기일이 변경되었음을 뜻한다. 채무자가 채무를 갚겠다는 노력이나 의사가 보일 때 채권자가 경매기일 연기 신청을 하면 법원에서 받아들여진다.

경우가 많다. 채무자가 경매법원에 경매진행을 늦춰 달라고 하거나 이자를 일부 갚은 후 연기신청 또는 변경신청을 하는 경우다. 이런 물건은 입찰 전 대법원경매정보 사이트에 접속하여 입찰하고자 하는 물건의 변경 및 연기 또는 취하 여부를 확인해야 불필요한 수고를 줄일 수 있다.

10. 꾸준한 인내와 노력이 필요하다

재경매

입찰자가 결정된 후에 매수인이 대금 지급 의무를 이행하지 않은 부동산의 경우 담당 판사가 직권에 의해 입찰 일자를 재공고한 후 재경매 명령을 하고 다시 입찰하는 제도다.

한두 번 패찰되었다고 포기하면 어떤 것도 얻는 것이 없다. 꾸준한 물건분석과 시간을 들여 입찰에 응해야 한다. 경험으로 미루어볼 때 열 번 입찰에 응하면 한 번 낙찰받는다고 보면 된다. 인내하지 않고 노력하지 않고 성과를 얻는 경우는 없다.

경매입찰 당일의 일정 요약

1. 입찰에 참여할 사건의 진행 여부를 재검토한다.
2. 준비물을 챙긴다(신분증, 입찰보증금, 도장).
3. 입찰시간을 확인한다(통상 오전 10시~11시 10분).
4. 법원에 도착한다(입찰게시판 확인).
5. 각종 문서를 열람한다(등기사항증명서, 매각물건명세서 등).
6. 입찰표를 작성한다(이름, 도장, 입찰가 신중히 기록).
7. 개찰한다(보통 사건번호 순).
9. 결과를 확인한다(최고가 매수인, 패찰 보증금 회수).
10. 낙찰되었다면 즉시 낙찰지로 향하여 명도를 집행한다.

PART
05

마지막까지 꼼꼼하게 챙겨라

경매 낙찰 후 인테리어 꿀팁

경매 낙찰 후 인테리어를 시행하는 것은 필수 사항이다. 왜냐하면 투자 수익률과 직결되어 있기 때문이다. 인테리어를 어떻게 하느냐에 따라 단기매도 및 임차를 빠르게 구성할 수 있어 공실률을 줄이고 수익률을 극대화할 수 있다. 부동산 인테리어는 한마디로 화장을 하는 것과 같다. 화장을 어떻게 하느냐에 따라 얼굴 윤곽이 살아나고 본인의 콤플렉스 부분을 감추어 호감을 사게 된다. 경매 인테리어도 비슷하다고 생각하면 된다. 부동산의 일부분이라도 인테리어를 통해 단점을 보완하고 장점을 부각시키면 새로운 임차인이나 매수인들의 호감을 살 수 있다. 따라서 인테리어 및 적정한 수리는 수익률과 즉결될 수밖에 없다.

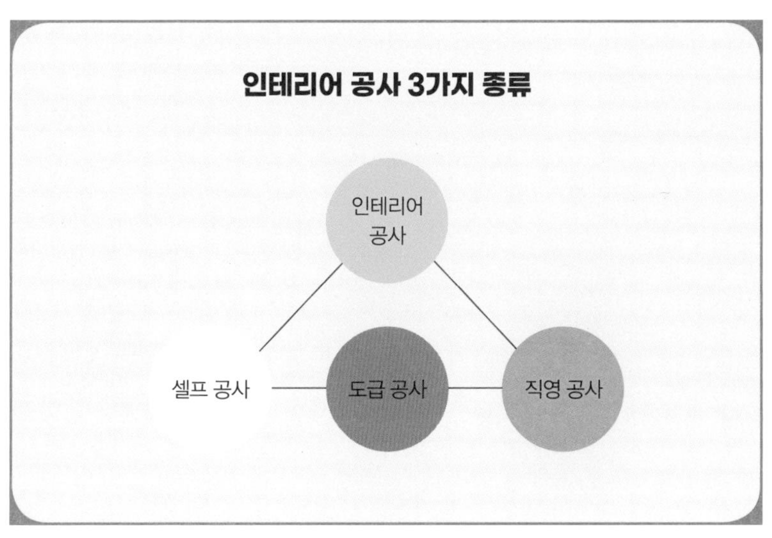

특히 인테리어를 할 때는 최대한 저렴하게 공사를 마무리해야 투자 수익률이 극대화된다는 점을 염두에 두어야 한다. 무리해서 너무 높은 가격에 인테리어를 시행하면 그만큼 수익이 줄어들 수밖에 없다. 인테리어 공사는 셀프 공사, 도급 공사, 직영 공사 세 가지로 나눌 수 있다.

셀프 공사는 본인이 알아보고 자재구입을 하여 공사를 하는 것을 말한다. 시간과 돈은 비례하기 때문에 전문가가 아닌 입장에서 시간만 많이 들어가는 셀프 공사는 추천하지 않는다.

도급 공사는 인테리어 일체를 종합 시공업자에게 턴키(열쇠key를 돌리면turn 모든 설비가 가동되는 상태로 인도한다는 뜻으로, 건설업체가 공사를 처음부터 끝까지 모두 책임지고 다 마친 후 발주자에게 열쇠를 넘겨주는 방식)로

의뢰해서 진행하는 공사 방식이다. 도급 공사는 대대행, 즉 전체 인테리어를 수주받아 실제 기술자에게 오더를 주기 때문에 단가는 다소 비싸질 수 있다.

직영 공사란 토털인테리어 업체에 맡기지 않고 필요한 부분만 개별적으로 공사하는 것이다. 직영 공사를 하게 되면 도배 및 장판만 시공하는 업체, 화장실 수리하는 업체, 베란다 수리보수 업체 등 개별적으로 접촉하여 공사를 의뢰하게 된다. 직영 공사는 중간마진을 줄일 수 있는 장점이 있다. 그래서 가장 현명한 방법이라고 추천할 수 있다. 교감과 신뢰를 갖고 일을 맡길 수 있는 업체가 있어야 가능한 방법이다.

경매 투자자라면 분야별 업체의 리스트를 갖고 있어야 한다. 언제 어느 때라도 연락해서 원하는 인테리어 시공을 할 수 있는 분야별 업체를 단골로 두고 있다면 그만큼 효율적으로 저렴하게 시공할 수 있는 것이다.

한편 인테리어를 하기 전에 공사범위를 선정해야 한다. 가장 기초적인 단계로 임차인 명도 이후 집 상태를 확인하면서 인테리어 공사를 해야 할 범위를 선정하게 된다. 원활한 명도로 집을 깨끗하게 비우고 나간 상태라 도배 및 장판 시공만 하면 되는지, 아니면 싱크대, 조명, 화장실, 베란다까지 공사할 것인지를 정해야 한다.

어떻게 수리해야 할지 감이 오지 않는다면 일단 벽지 및 장판 시공은 기본이라고 생각하면 된다. 집을 선택할 때 남자들은 그냥 가격이 맞고 잠을 자는 데 지장만 없으면 만족해하는 경우가 많다. 그러나 부동산 구매의 결정권을 가지고 있는 여성들은 대부분 인테리어를 본다. 그러니 여성을 고려한 인테리어를 하면 임차 및 매도를 빠르게 진행할 수 있다. 싱크대, 화장실, 베란다만이라도 인테리어를 마치면 호응도가 높아질 수 있다.

시공사례로 본 똑똑한 인테리어

3,000만 원대 15평 노후빌라 인테리어 사례

내가 낙찰받았던 3,000만 원대 15평 노후빌라를 인테리어했던 사례를 이야기하겠다. 명도 후 빌라는 약 6개월간 공실상태였다. 환기가 되지 않아 벽이나 천장 주변에 곰팡이가 피었다. 특히 장롱이나 대형가전이 있던 자리는 곰팡이가 더욱 심했고, 베란다도 페인트가 전부 벗겨져 있어 누가 봐도 상태가 좋지 않았다. 또한 화장실에 타일이 일부 떨어져 있었고, 타일 전체가 울어 있었다. 누구라도 선뜻 호감이 가지 않는 그런 상태였다. 이 상태로 임대나 매물로 내놓는다면 아무도 이 집에 관심을 보이지 않을 것이 뻔했다. 그래서 눈에 띄

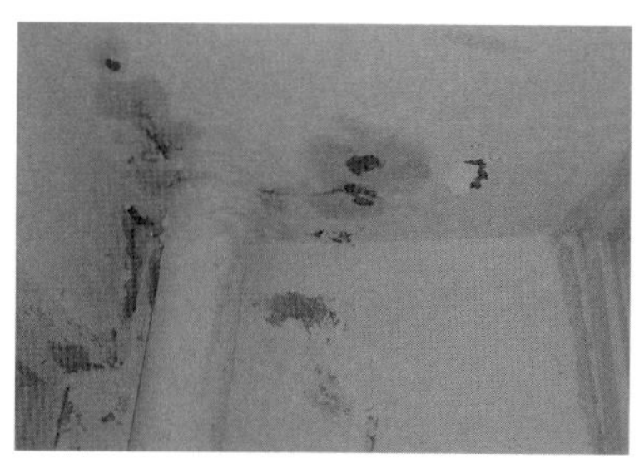

베란다 시공 전

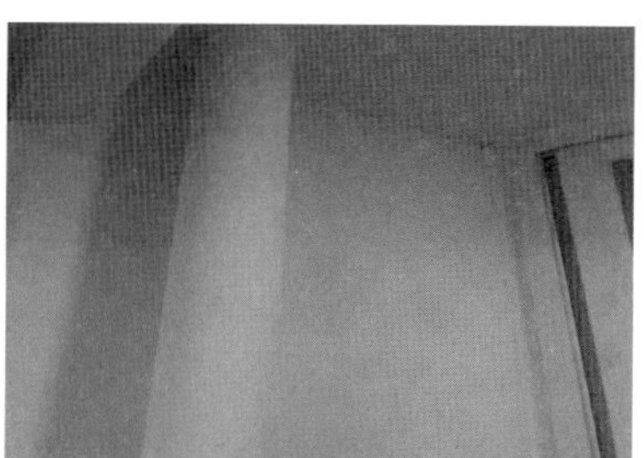
베란다 시공 후

는 부분을 시공하기로 했다. 타일 한 면은 뜯고 새로 시공을 했다.

인테리어비용으로 벽지 및 장판 시공에 50만 원이 들었고, 타일만 교체해주는 업체에 의뢰해 타일 한 면을 교체하는 데 40만 원이 들었다. 합계 90만 원에 처리했다. 이때 자재의 종류와 마감재 선정에 따라 가격은 상이할 수 있다. 제일 많이 하는 벽지와 장판 시공은 최소비용 기준 평당 2만 5,000원과 1만 5,000원 정도이니 참고하면 된다. 그리고 베란다 탄성작업 및 부분 페인트까지 서비스로 받았다. 수리를 하고 나니 전혀 다른 집처럼 바뀌었다. 아무도 이사 오지 않을 것만 같던 집이 나름 살 만한 집으로 바뀐 것이다. 이렇게 수리하고 임대를 놓자마자 일주일 만에 세입자를 구성하게 되었다.

인테리어, 효율적으로 하는 방법

인테리어업체 찾는 방법을 소개한다. 단골업체를 이용하는 것이

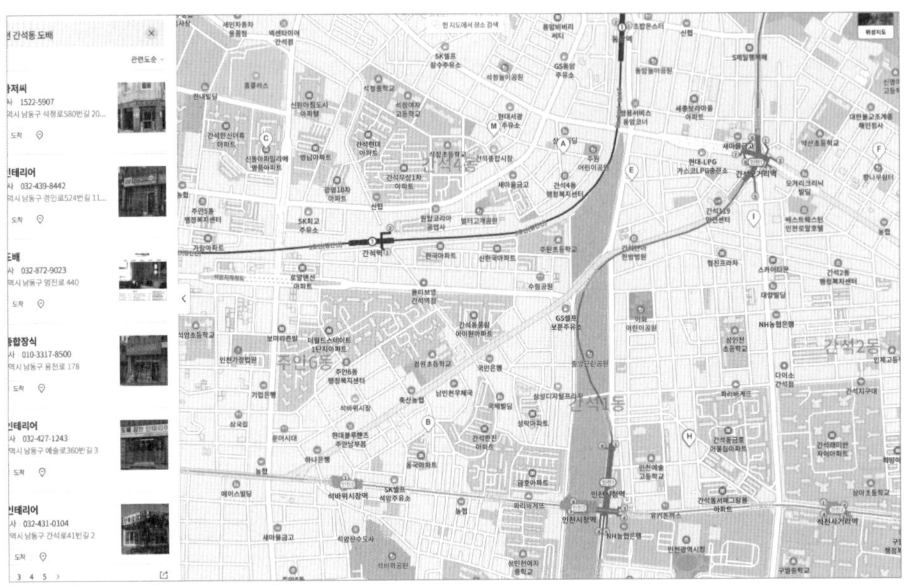

'인천 간석동 도배' 네이버 검색 사례

좋지만 거리가 너무 멀 경우에는 해당 물건 근처에서 새로운 업체를 찾아야 한다. 이때는 스마트폰이나 컴퓨터 인터넷상에서 충분히 검색을 해야 한다. 네이버나 다음 지도영역으로 검색하면 무수한 인테리어 업체가 나오게 된다. 그 인테리어 업체에 개별적으로 연락하여 보다 합리적인 가격과 진행 사례를 판별하여 선택하면 된다. 예를 들어, '인천 간석동 도배'라고 네이버 지도영역으로 검색하면 여러 수리업체가 나온다. 이런 식으로 베란다, 인테리어, 화장실 등도 검색하면 각 시공사별로 문의전화가 가능하다. 인터넷으로 먼저 비교 분석한 후 거래를 하면 보다 합리적인 가격으로 인테리어 및 수리를 맡길 수 있다.

만약 인테리어 기준을 찾지 못했다면 인터넷에 '15평 빌라 인테리어'를 검색하는 식으로 수리 대상과 콘셉트를 설정한 후 각 지역별 인테리어 및 시공사를 물색하여 자신에게 맞는 업체를 선정하면 된다. 여기서 한 가지 더, 경매입찰할 물건에 채무자가 거주하고 있거나 장기간 공실이면 수리할 항목이 다수 발생되어 비용이 높아질 수 있으니 이를 감안해야 된다. 반대로 채무자가 아닌 임차인이 1년 정도 거주하고 있다면 수리항목이 축소될 수 있다. 경매 인테리어는 어렵지 않다. 한두 군데 상담받고 덜컥 계약하지 말고, 여러 군데 상담을 통해 직영으로 할 수 있는 업체를 찾아 보다 합리적으로 시행하는 것이 최선이다.

근처 부동산 중개업소에서 소개를 받을 수도 있다. 부동산 중개업소는 법무사무소, 인테리어 업체, 이삿짐센터 등이 수시로 드나들며 영업을 한다. 부동산 거래를 하면서 중개업소에 이러한 업체를 소개해달라고 부탁하는 손님들이 의외로 많다. 각 중개업소들은 저마다 자주 이용하는 법무사무소와 분야별 인테리어업체, 이삿짐센터 등을 확보하고 있다. 따라서 중개업소의 소개를 받아 일을 맡기면 좀 더 저렴한 가격에 진행할 수 있다. 이 경우 시공도 보다 성의껏 받을 수 있다. 중개업소의 불신을 사면 그만큼 소개해주는 일이 줄어들 것이라고 생각하여 해당업체는 나름 저렴한 가격에 성실 시공을 하는 경향이 있다.

경매 투자, 개인과 사업자 중 누가 유리할까?

부동산매매업의 정의는 "부동산을 목적물로 하여 매매 또는 그 중개를 사업목적으로 부동산을 판매하거나 사업상의 목적으로 1과세기간 동안 1회 이상 부동산을 취득하고 2회 이상 판매하는 사업"이다. 위에서 말한 1과세 1회 이상 취득 2회 이상 판매하는 조건을 갖춰야만 부동산매매사업자를 낼 수 있는 것은 아니며, 기준에 미달되어도 등록은 가능하다.

부동산매매업 개인과 법인 차이점

구분	매매사업자	법인사업자
취득세	유상주택거래: 1~12%	12%
보유세	과세	과세
소득세, 법인세	주택: 비교과세 비사업용토지: 비교과세	주택과 비사업용 토지만 일반과세+추가과세
부가가치세	85㎡(25.7평) 초과분 건물가격의 10%	85㎡(25.7평) 초과분 건물가격의 10%
거주주택비과세	1세대 1주택이더라도 비과세 받기가 힘들 수 있음	1세대 1주택인 경우 100% 비과세

자료: 국세청

대출할 때 다르다

사업자의 장점은 개인보다 대출이 수월하다는 것이다. 개인의 경우 DSR, LTV, DTI 등의 기준에 의해 경락대출받는 횟수 및 금액이 제한될 수 있다. 또한 조정대상지역 및 그 외 아파트의 경우에도 대출에 제한이 있기 때문에 경락잔금대출 레버리지를 적극적으로 활용하기 어려울 수 있다.

반면 매매사업자 경우 80%까지 대출이 실현되므로 보다 많은 레버리지를 활용할 수 있다. 또한 매매사업자 양도소득세는 사업소득세와 비교과세하여 절세 혜택이 적용된다. 물론 금융사마다 차이는 있을 수 있다. 현재는 법인사업자 및 매매사업자의 대출규제도 강화되었다. 기존에는 임대사업자만 LTV 40%로 투기과열지구까지 대출 규제를 진행하고 있었다. 그러자 은행들이 "법인을 만들어라", "매매사업자를 만들어라", "그럼 대출을 해주겠다" 하여 매매사업자 및 법인사업자의 경락잔금대출 금액이 증가되었다. 법인은 지역 상관없이 무조건 주택에 대한 대출이 불가능하다. 주된 지역은 투기지역 및 투기과열지구다. 즉, 서울 중심지의 집값을 잡겠다는 데 포커스가 맞춰진 상태다.

투기과열지구 빼고 조정지역까지는 전부 규제를 받지 않고 있으니, 경매 투자자들은 경기도나 인천 쪽을 도전해보라고 추천한다. 부동산 경매의 핵심은 시세가 대비 20~50% 이상 저렴하게 낙찰받고 급매가로 팔아 시세차익을 만드는 것이다. 여기에 초점을 두어야 한다. 하지만 서울 중심지로 물건을 선정하게 되면 시세대비 5~10% 혹은 그 이상을 제시해야 낙찰이 되는 경우가 허다하다. 그러면 낙찰받은 물건의 잠재적 가치가 상승할 때까지 오랜 시간 놔두어야 하기 때문에 그 시간을 버틸 수 있는 금전적 여유가 필요하다. 따라서 서울 외곽을 공략하여 시세보다 저렴하게 낙찰받는 데 초점을 두는 것이 현명한 투자방법이다.

내야 하는 세금에 차이가 있다

사업자는 대출규제를 피할 수 있다는 장점을 제외하고도 과세 부분에서 큰 혜택을 볼 수 있다. 개인의 경우 경매 부동산을 매도할 때 양도소득세를 납부해야 하는 반면 사업자의 경우 사업소득세를 납부해야 한다. 개인이 부동산 거래를 하면 시세차익에 따라 6~42%의 세율구간을 적용받을 수 있다. 징벌적 과세라고 표현하는 이들이 많다. 그만큼 세율이 높다는 의미다. 실제로 양도소득세는 투자자들에게 가장 큰 경계의 대상이다. 현재 프리랜서 소득 및 근로 소득이 있고, 많은 수입을 얻고 있는 경우라면 월급 소득과 매매차익이 소득세로 합산될 수 있어 과세구간이 달라진다. 따라서 해당 부분을 주의해야 한다.

1년 이내 단기매도 시 개인의 경우 양도차익의 40%에 해당하는 양도소득세율이 적용된다. 반면 매매사업자가 경매낙찰 후 잔금납부를 할 때 즉시 소유권이 이전되므로 단기매도를 해도 일반과세로 적용이 된다. 개인 자격으로 거래했을 때 부과되는 엄청난 세율과 비교하면 매매사업자가 양도소득세를 낼 때 일반과세로 적용되는 것은 큰 혜택으로 보인다. 단, 면세사업자로 가입한 후 국민주택규모인 84㎡ 이하로 매매해야 부가세를 피할 수 있다. 추가적으로 비용처리로 인정되는 항목이 광범위해져 벽지, 장판 시공 등 인테리어 비용, 대출이자, 주유비, 사무실 운영비 등을 공제받을 수 있어 세율이 줄어든다.

장점만 있는 것은 아니다. 단점으로는 사업자 개설과 동시에 부가세 부담이 발생될 수 있다는 것이다. 사업자를 유지하는 데 장부신고, 신고대행 세무사가 필요하기 때문에 기장료라는 추가지출 비용이 발생될 수 있다. 비용은 10만~15만 원 사이로 매월 종합소득세, 부과세신고 등을 대행해주며 매출에 따라 기장비도 달라진다. 또한 국민연금 및 건강보험료를 개별적으로 납부해야 하고, 소득구간이 증가함에 따라 지출되는 비용도 많아진다. 대한민국 국민이면 꼭 내야 하는 것이 세금이지만 막상 지출이 많아지면 부담을 느낄 수밖에 없다.

과세 구간이 달라진다

고액연봉자나 프리랜서로 수익이 많다면 매매사업자 소득과 합산되어, 과세 구간이 달라진다는 점을 감안해야 한다. 이때 오히려 세금 폭탄을 맞을 수 있고, 성실신고 대상자로 자격조건이 변경될 수 있다. 그러니 무조건 개인사업자를 개설하기보단 내 소득수준과 사업자등록 시 나오게 될 이익을 계산하여 사업자등록 여부를 결정하는 게 좋다. 어느 한 상황이 일방적으로 유리할 수는 없다. 세상 모든 일에는 장점과 단점이 공존한다. 둘 중 어느 것을 선택했을 때 실보다 득이 많은지를 따져보아야 한다. 남의 상황이 아니라 내가 지금 처한 상황을 제대로 잘 파악해야 한다.

현재는 전세든 월세든 임대를 목적으로 주택을 보유하고 있다면 사업자등록을 의무적으로 하게 되어 있다. 가산세 부담이 0.2%대로 그리 높지 않기 때문에 이런 사람들은 오히려 가산세를 내는 것이 나을 수 있다. 몇 해 동안 그냥 개인으로 유지해 온 주택인데 이제 와서 사업자등록을 하자니 아까운 생각이 들 수도 있다. "곧 팔 물건인데 이제 와서 등록하면 4년 동안 묵히는 것 아닌가?" 하는 생각 말이다. 혹은 기장비가 발생하고 세금계산서를 의무 발행해야 하는 것이 부담스러울 수 있다. 현재 일하는 직장에서 추가 사업자 개설을 하면 안 되는 상황일 수도 있다. 그렇다면 가산세를 부담하고 진행하는 것이 좋은 방법이 될 수 있다. 이후 매입 및 매도 금액이 증가됨에 따라 사업자 개설 여부를 고려하여 장기적인 투자를 하면 되는 것이다.

> **제시 외 건물**
>
> 포함, 미포함이 있는데 해당 경매물건이 소개(지번***, 물건**)되고, 그 물건 이외에 소개되는 물건이다. 일반 주택에 있는 별도의 화장실, 차고, 옥탑방 등이 해당될 수 있다.

우리에게 가장 소름끼칠 정도로 무서운 불신은 바로 내 안에 있는 불신이다. 투자를 통한 수익발생은 과연 가능할까? 정말 잘할 수 있을까? 늦은 건 아닐까? 이런 스스로에 대한 불신을 내려놓고 바로 실천에 옮겨야 한다. 그래야 어제보다 나은 오늘이 될 수 있다. 투자를 하다 보면 예기치 못한 일이 발생하기도 한다. 하지만 어떤 경우라도 풀지 못할 일은 없다. 그렇게 돌발 문제를 찾아 하나하나 해결하면서 수익을 챙기는 것이다. 풍부한 경험을 쌓아가다가 또 다른 수익 창출에 도전할 수도 있다. 변화를 무서워하고 일처리를 귀찮게 여긴다면 투자를 안 하는 것이 정답이다.

부동산 양도소득세 절감 방법

부동산을 처음에 샀을 때의 가격보다 훗날 파는 가격이 올라서 이익이 나는 것을 양도차익이라고 한다. 이런 양도차익이 발생할 경우 양도소득세를 납부하게 된다. 추가적으로 양도소득세를 신고하지 않거나, 실제보다 적게 또는 부당하게 신고할 경우 가산세, 즉 신고불성실 20%와 납부불성실 1일당 추가비용이 부과된다. 양도소득세는 취득가액 및 필요경비를 빼고 남은 양도차익을 기준으로 부과되며, 만약 금전적인 이득이 발생되지 않았다면 부과되지 않는다. 즉, 1억 원에 부동산을 사서 1억 원에 되팔면 별도의 세금이 부과되지 않는다. 차익을 남겼을 때 거기에 따라 발생하는 세금이 양도소득세다.

일반 부동산 거래는 매입가격이 취득가액이 된다. 경매는 낙찰가

양도소득 기본공제

양도자산		양도소득 기본공제액
국내 (소법 §103)	부동산(특정주식 등 포함)	2,500,000원
	주식 등	2,500,000원
	파생상품(2016.01.01. 이후)	2,500,000원
국외 (소법 §118의 7)	부동산(특정주식 등 포함)	2,500,000원
	주식 등	2,500,000원
	파생상품(2016.01.01. 이후)	2,500,000원
계		15,000,000원

※ 해당 과세기간의 양도소득금액에서 인별, 자산별로 연간 250만 원 공제, 양도소득을 국내자산, 국외자산, 부동산 등 주식 등, 파생상품으로 구분하여 연간 250만 원씩 공제

액이 취득가액이 된다. 일반 부동산 거래와는 다르게 부동산 경매는 시세보다 20~50% 저렴하게 낙찰을 받게 되어 상대적으로 양도소득세 납부금액이 높을 수 있다. 그렇기 때문에 부동산 경매와 관련해 소요된 비용 중 최대한 많은 부분을 필요경비로 인정받아야 추후 양도소득세 금액을 절세할 수 있다. 감정가 2억 원의 물건을 1억 8,000만 원에 낙찰받은 후 매도가 2억 2,000만 원에 팔았다면, 감정가 2억 원과 매도가 2억 2,000만 원의 차액인 2,000만 원에 대해 양도소득세를 부담한다고 생각하는 이들이 많은데 이렇게 계산하고 입찰가를 선정하면 큰 오산이다. 이때 차액은 4,000만 원인 것이다.

감정가가 2억 원이라고 하더라도 낙찰된 금액 1억 8,000만 원을 기준으로 세액을 산출하게 된다. 즉, 1억 8,000만 원에 구매한 후

2억 2,000만 원에 판매하였으니 소득구간 4,000만 원에 부합하는 양도소득세율이 적용된다. 소득공제 항목은 1년 기본공제 250만 원, 공인중개사에 지불한 중개수수료, 취득세 및 등록세, 법무비 등이다. 이 밖에 주거에 꼭 필요한 항목을 교체한 경우의 수리비, 예를 들어 보일러, 새시, 배관 등의 시공과 베란다 확장, 불법건축물 철거비용 등도 필요경비로 인정받을 수 있는 항목이다. 그러니 지출비용에 대한 세금계산서나 영수증 등을 꼼꼼히 챙겨 두어야 한다. 그만큼 필요경비로 인정받아 양도차익이 줄어드는 효과를 만들 수 있기 때문이다.

주택에 해당하는 양도소득세율의 경우 보유기간 1년 미만은 40%로 지방소득세 포함 44%를 과세하며, 1년 이상부터는 과세표준가격, 즉 양도차익에 따라 일반세율을 적용한다. 1년 미만 보유 후 매매 시에는 40%의 단일세율이 적용되지만 1년 이상 보유하게 되면 양도차익에 따라 6~42%의 누진세율이 적용된다. 양도차익에 따라 엄청난 금액의 세금이 결정되므로 경매 입찰할 물건을 장기보유할지 혹은 단타 매도를 통해 수익을 만들지 충분히 숙려하여 입찰을 해야 한다.

기한 내에 양도소득세 예정신고를 하라

양도소득세는 부동산을 취득한 날로부터 2개월 이내에 예정신고를 해야 하며, 기한 내에 하지 않으면 세법상 의무 불이행으로 가산세를 부과받게 된다. 그러니 빠른 기간 안에 부대비용, 즉 필요경비 및 증빙서류를 잘 챙겨서 공제받아야 한다. 개인이 내는 양도소득세와 매매사업자가 내는 사업소득세는 차이가 있을 수 있다. 매매사업자의 경우 양도소득세를 내는 개인과 다르게 기본공제 250만 원이 적용되지 않는다. 반면 매매사업자의 경우 경비로 인정받을 수 있는 사항이 추가적으로 존재한다. 도배, 장판, 인테리어 비용, 교통비 및 주유비 등 필요경비가 추가적으로 공제되며, 사업소득세율은 1,200만 원에 6%로 시작해서 5억 원이 초과하면 42%까지 올라간다.

양도소득세 예정신고·납부 안내 (분양권·입주권

님 안녕하십니까?

귀하의 성실한 납세에 감사드리며, 양도소득세 예정신고와 관련한 안내사항을 알려드립니다.

» 신고·납부기한 2018.11.30 까지

» 신고대상 물건

구분	부동산종류	양도일자	부동산소재지(대표물건 1건만 표시함)
안내대상	부동산에관한권리	2018.09.20	
합산대상*			

* 당해연도 중 양도소득세를 신고했거나 무신고하여 세무서에서 결정한 물건을 의미하며, 당해연도 납세자가 실제로 양도한 전체물건(합산신고 대상)과는 다를 수 있습니다.

» 신고서 작성·제출 홈택스 양도소득세 종합안내(www.hometax.go.kr)에 접속하여 전자신고하거나, 신고서식 및 작성요령을 참고하여 작성한 후 서면제출(우편신고 가능)

※ 세무서 직원은 신고와 관련한 세액 계산 및 신고서 작성을 대리하지 않으며, 신고 안내에 따른 신고서의 작성책임은 납세자에게 있습니다.

» 신고시 첨부서류 양도·취득계약서, 중개수수료 등 필요경비 지출과 관련한 서류

양도소득세 예정신고서

단순하게 보면 매매사업자가 유리해보이지만, 매매사업자 개설로 4대 보험료 증가, 각종 기장비용, 부가가치세 신고의무, 비교과세 등 추가적으로 지출되는 비용이나 노무가 발생되기 때문에 초기 경매 투자를 앞둔 투자자라면 매매사업자보다는 개인으로 경매를 진행하는 것이 맞다. 이후 대출 레버리지를 극대화하고 부동산 매입금이 올라가게 되면 매매사업자 및 법인사업자로 전환하는 것이 현명하다. 이런 기본사항을 모르는 상태에서 대부분의 사람들은 "경매 그거 낙찰받고 취등록세 및 양도소득세 내면 뭐 남는 게 있어요? 그렇게 내는 게 많아서 남는 것도 없을 것 같은데 굳이 번거롭게 경매할 필요가 있을까요?"라고 이야기하기도 한다.

양도소득세 세액 계산 흐름표

양도가액 -	부동산 등의 양도 당시 실제거래가액
취득가액 -	부동산 등의 취득 당시 실제거래가액
	실제거래가액을 확인할 수 없는 경우 매매사례가액, 환산가액 적용가능함
필요경비 =	실가·설비비·개량비·자본적지출액·양도비
	매매사례가액, 감정가액, 환산가액은 기준시가의 3% 적용
양도차익 -	양도가액 – 취득가액 - 필요경비
장기보유특별공제 =	장기보유특별공제표 참조
양도소득금액 -	양도차익-장기특별공제
양도소득기본공제 =	250만 원(미등기 양도자산은 적용 배제)
양도소득과세표준 x	양도소득금액 - 양도소득기본공제
세율 =	양도소득세율표 참조
산출세액 -	양도소득과세표준 x 세율
세액공제 + 감면세액 =	외국납부세액공제와 조세특례제한법상 감면세액
자진납부할세액	산출세액 - (세액공제 + 감면세액)

부동산 경매는 법무비용, 인테리어비용, 취등록세, 명도비용, 양도소득세 등 전체 항목을 고려하여 입찰가를 선정하기 때문에 낙찰만 되면 무조건 수익이 실현된다. 해보지도 않고 지레 단정 짓지 말아야 한다. 실제로 그렇게 남는 게 없는 짓이라면 그동안 경매에 참여한 사람들은 대체 뭐란 말인가? 경매를 통해 엄청난 수익을 챙기고 부자가 된 사람들은 도대체 누구란 말인가? 경매를 시작해서 큰 돈을 벌었다는 사람들의 이야기는 흔하게 들었지만 경매를 시작해서 망했다는 사례는 거의 들어보지 못했다. 이는 경매가 그만큼 승률이 높은 게임이라는 의미다.

2021년 소비자물가 상승률이 10년 만에 처음으로 2.5% 상승했다. 특히 가격이 올라도 소비를 줄이기 힘든 식료품 등 이른바 '밥상물가'와 '교통물가' 인상폭이 가장 컸다. 지금과 같은 위기 상황이 투자로 수익을 만들 수 있는 적기다. 경매 투자의 원칙은 쌀 때 사서 비쌀 때 파는 것이다. 이 원칙만 지키면 무조건 성공적인 투자를 할 수 있다. 가격이 하락했다면 다시 상승하게 되어 있다. 그러니 경기가 좋지 않다는 것은 싼 물건을 살 수 있는 절호의 타이밍이라고 생각하면 된다. "사람은 재능이 없어서 실패하는 것이 아니라, 목적이 없어서 실패한다"라는 말이 있다. 원하는 목표를 정하고 꾸준히 노력하면 성공할 수 있을 것이다.

현장을 제대로 파악하고 협상하라

현장에 나가야 변수가 보인다

"종잣돈 얼마가 있어야 부동산 경매를 할 수 있나요?" 경매 투자 관련 자주 듣는 질문이다. 이에 대해 어떤 이는 "최소 3,000만 원은 있어야 한다"고 하고 어떤 이는 "1억 원은 있어야 투자 대비 수익률이 좋은 부동산을 살 수 있다"고 한다. 이렇게 묻는 이들도 있다.

"저는 지금 여윳돈이 500만 원 밖에 없는데 경매할 수 있을까요?"

또 이렇게 말하는 이들도 있다.

"돈을 모을 수는 있지만 오랜 시간이 소비되고, 저 또한 지칠까봐 두려운 마음이 앞섭니다."

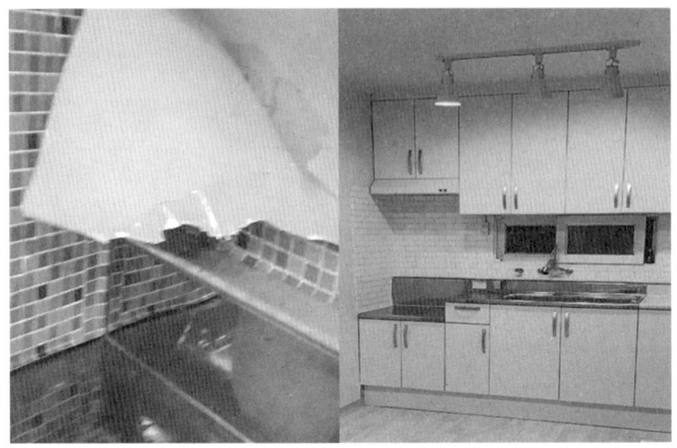

훼손된 싱크대 시공 전　　　　훼손된 싱크대 시공 후

이런 의문을 갖고 질문을 하는 것은 어쩌면 당연하다. 실전 경험이 없는 초보 투자자라면 모든 것이 궁금할 수밖에 없다. 모르니까 그런 질문을 하는 것이다.

"경매 참여할 때 3,000만 원 정도는 있어야 한다"라는 말은 틀린 말이 아니다. 부동산 경매를 할 때는 발생할 수 있는 변수에 대해 미리 생각해두어야 한다. 단, 권리분석 실수로 추가 투자비용이 발생될 수 있는 경우는 배제하겠다. 이 책에서 제시하고 있는 내용을 정확하게 숙지한다면 경매 투자 권리분석 실수는 단언컨대 발생하지 않을 것이다.

낙찰받은 집에 들어가 보니 천장에 누수가 발생했고 바닥은 보일러가 터져 전부 울고 있는 등 훼손이 심각한 경우라고 생각해보자. 훼손이 심하면 수리에 오랜 시간과 비용이 소요된다.

훼손이 심한 물건을 낙찰받을 경우에 대비해 사전에 철저한 사전 임장활동이 필요하다. 세입자 및 채무자를 직접 만나 최우선변제금, 법적인 자문, 명도비용, 배당순서 등에 대해 간략하게 소개하고 그들의 고충을 들어주며 같이 상생할 수 있는 방법을 마련해야 한다. 그러고 나서 집의 하자나 거주할 때 불편한 점, 주변 환경에 대한 평가 등을 물어보면 상대는 100% 투자자가 원하는 대답을 진정성 있게 답변해준다. 접촉사고가 발생하면 가장 먼저 "얼마나 다치셨어요? 괜찮으세요?"라고 먼저 묻는 것이 인지상정인 것과 같다. 궁금한 수리비 이야기는 나중에 해도 늦지 않다.

협상의 기본은 '역지사지'

협상의 원칙에 의하면 원하는 카드를 처음에 꺼낼 필요가 없다. 상대방이 원하는 부분과 궁금증을 해결해주고 난 후 원하는 카드를 마지막에 던지면 상대는 우리가 제시하는 조건을 무조건 들어주게 되어 있다. 나아가 집의 하자나 주변 환경에 대한 평가를 숙지한 후 들어갈 물건을 낙찰하여 이후 생겨날 리스크를 제로로 만들면 된다.

필자의 경우는 임장활동을 할 때 세입자가 음료수까지 주면서 집 안 내부를 보여주었던 적이 많다. 만약 상대의 궁금증이 풀리지 않은 상태에서 계속 자신의 이야기만 한다면 그는 필자의 얘기가 귀에 들어오지 않을 것이다. 그러니 상대방의 모든 궁금증을 풀어주고 자신의 이야기를 꺼내야 한다.

상대방의 입장에서 무엇이 고민이고, 문제일까를 먼저 제시할 때 호의적인 반응을 받을 수 있고, 원하는 정보도 충분히 수집할 수 있다. 낙찰받을 물건에 치명적인 단점을 파악하면 낙찰 후 리스크는 제로가 되니, 추가적인 비용을 없애는 최적의 방법이다. 임장을 하지 않고 경매를 하겠다는 마음을 가진 이가 있다면 당장 포기하라고 말해주고 싶다.

일반 부동산 투자도 마찬가지겠지만 경매도 현장에 대해 잘 아는 사람이 실패할 확률이 적다. 무리한 가격으로 낙찰을 받는다거나 시세에 맞지 않는 가격으로 매도나 임대 물량을 내놓는 경우는 대부분 현장의 상황을 제대로 숙지하지 못했을 때다. 임장활동은 우선 낙찰받고자 하는 물건이 있는 동네의 전체 상황을 체크하는 것으로 시작해 이후에는 해당 물건에 대한 정보를 속속들이 파악하는 것으로 좁혀 들어가야 한다. 전체 동네만 이해하고 해당 물건의 속성을 파악하지 못했다거나 반대로 해당 물건에 대해서는 면밀히 상황파악을 해놓고 그 물건이 있는 동네의 상황을 조사하지 못했다면, 어디선가 허점이 발견될 수 있다. 그래서 임장활동은 꼼꼼히 해야 한다.

임대든 매매든 빨리 하고 싶다면?

왜 수요자를 빨리 구할 수 없을까?

낙찰받은 후 빠른 시간 안에 임차인을 구하지 못하거나 단타 매도가 성사되지 않을 경우 답답해진다. 내가 원하는 수익을 얻는 데 그만큼 불리한 상황이 이어질 수 있기 때문이다. 원하는 수요자를 빨리 구하지 못하면 관리비 및 경락대출받은 이자를 계속해서 내야 하는 부담이 생긴다. 그래서 모든 변수에 대비하여 넉넉한 자본금을 가지고 경매에 참여하는 것이 유리하긴 하다. 바로 수요자만 찾을 수 있다면 경매에 큰돈이 필요 없다는 말과 같다. 예기치 못한 상황에 대처하기 위해 어느 정도의 자금은 필요하지만 말이다. 다시 말해 모든 변수를 제거하여 리스크를 제로로 만들면 그만큼 수익을 빨리 낼 수 있다. 장기간 임대나 매도가 안 되는 경우는 다음 두 가지 이유 때문이다.

첫째, 현재 주변 부동산 시세와 비교해 본인 물건의 월세비용이 터무니없이 비싸거나 매도가액이 높은 경우다. 준공연도, 동일층수, 동일평수 등을 기준으로 인근의 다른 매물과 비교해 유리한 조건이 없음에도 불구하고 터무니없이 높은 가격을 제시하면 당연히 눈길을 끌 수 없다. 부동산 거래는 살아 있는 실물 경제다. 경쟁상품과 비교해 비교우위에 있을 때 소비자의 구매욕을 자극할 수 있는 것이다. 품질이 좋든 가격이 싸든 어떤 유리한 조건이 제시되어야 구매로 연결될 수 있다.

"장기간 임차 및 매도가 안 돼요. 어떻게 하죠?" 하는 문의를 자주 받는다. 그래서 확인해보면 대부분 월세나 매도가가 주변시세보다 약간이라도 높게 책정되어 있다. 부동산을 구매하는 사람들은 동일한 조건하에 싼 물건을 선호한다. 비싸면 문의가 없는 게 당연하다. 그러니 임대료 및 매매가를 낮춰야 빠른 계약을 할 수 있다. 문제점을 지적해주면 "이보다 더 낮추면 수익이 안 나와요"라고 이야기를 한다. 그럼 왜 그렇게 높은 가격에 낙찰받았냐고 물어보면 "하도 패찰이 되기에 그리고 욕심이 나서 조금 높게 적었다"고 이야기한다. 이런 리스크를 막기 위해서는 철저한 시세조사가 필요하고 부동산 시장에 호감도를 올릴 수 있는 가격으로 내놓아야 단타 수익을 만들 수 있다.

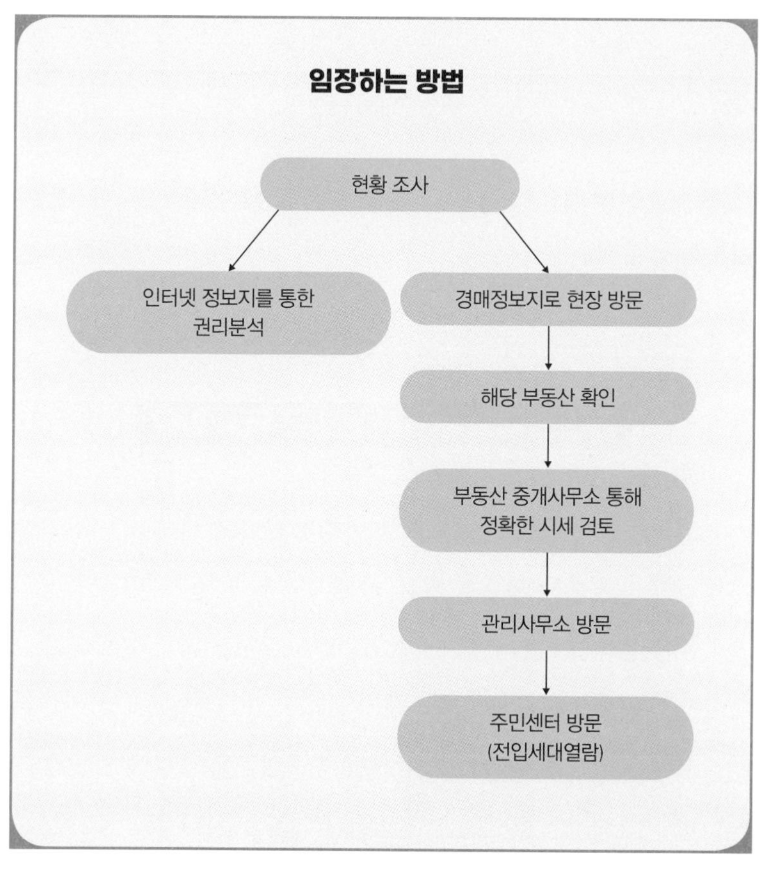

둘째, "가격은 괜찮은데 막상 손님이 계약을 안 해요"라고 하는 경우다. 이 경우는 인테리어 및 하자보수를 아예 하지 않았거나, 너무 허술하게 시공해서 누가 봐도 들어가기 싫은 집으로 보이기 때문이다. 문의는 오는데 계약으로 이어지지 않는 것이다. 부동산은 사람이 거주하는 곳이라 최소한의 수리 및 보수 과정이 있어야 한다. 입찰가 선정 시 무조건 수리비를 감안하는 것이 투자수익률을 극대화하는 길이다. 매물을 최대한 많은 중개업소에 그리고 인터넷 사이트와 스마트폰 앱을 통해 최대한 다양하게 등록해 두어야 한다. 노출되는 빈도가 높을수록 계약으로 이어질 가능성이 높다. 부동산도 마케팅이라는 사실을 잊어선 안 된다.

리스크 제로 만드는 방법은 역시 임장

경매 대상 물건에 대한 철저한 임장활동을 통해 하자 여부를 정확하게 파악하고, 단기적으로 임차 및 매수인을 만들 수 있는 과정을 준비한다면 리스크를 제로로 만들 수 있다. 그렇게 하면 실제 최소의 투자비용으로도 무조건 이기는 투자를 만들 수 있다. "안 된다는 말은 무시하라." 이 말은 안 되는 걸 무조건 억지로 하라는 말이 아니다. 끈기를 가지고 노력하라는 이야기다. 철저한 준비와 과정만 있다면 부동산 경매 투자는 실패하지 않는다. 불평꾼들이 더 이상 불평하지 않도록 만들면 된다. 철저하게 준비하고 귀를 닫고 실행에 옮기면서 결과를 만들어야 한다.

금융 투자와 부동산 투자의 공통점이 있다. 포기해야 할 상황에서는 과감하게 빨리 포기해야 한다는 점이다. 자신이 판단 미스로 수익을 낼 수 없는 구조를 만들었다면 그것을 자신의 실수로 인정하고 재빨리 빠져나올 방법을 강구해야 한다. 거기서 미련을 버리지 못해 주저주저하면서 결단을 내리지 못하면 벗어날 수 있는 시간만 놓치는 꼴이 된다. 잘못된 판단으로 예상치 못한 상황에 빠져들었다면 스스로 인정하고 빨리 빠져나와 다음 기회를 도모해야 한다. 하지만 미련을 버리지 못해 이러지도 저러지도 못하면서 그 상태에 머물러 있는 이들을 종종 보게 된다. 자신이 너무 높은 가격에 낙찰을 받은 데다 수리비 등으로 수익을 내기 어려운 구조라면 과감하게 시세대로 물건을 내놓고 수익을 줄이든지 포기하든지 해야 한다.

갭 투자와 경매 투자 중 뭐가 더 좋을까?

전세를 떠안고 매수하는 갭 투자

부동산 갭 투자를 잘못해서 자살한 사람의 안타까운 사연을 뉴스에서 한번쯤은 들어봤을 것이다. 그래서 갭 투자에 관한 기본적인 내용과 실패 및 성공 요인에 대해 이야기해보려 한다. 부동산 갭 투자란 시세 차익을 목적에 두고 주택의 매매 가격과 전세 가격의 차이가 적은 집을 전세로 떠안고 매입하는 투자 방식이다. 서울이나 수도권 인기 단지의 경우 매매가와 전세가의 격차가 큰 데다 가격 자체가 워낙 비싸다 보니 갭 투자를 하는 것이 실상 쉽지 않다.

그래서 매매가 대비 전세가율이 높은 수도권 외곽이나 지방도시

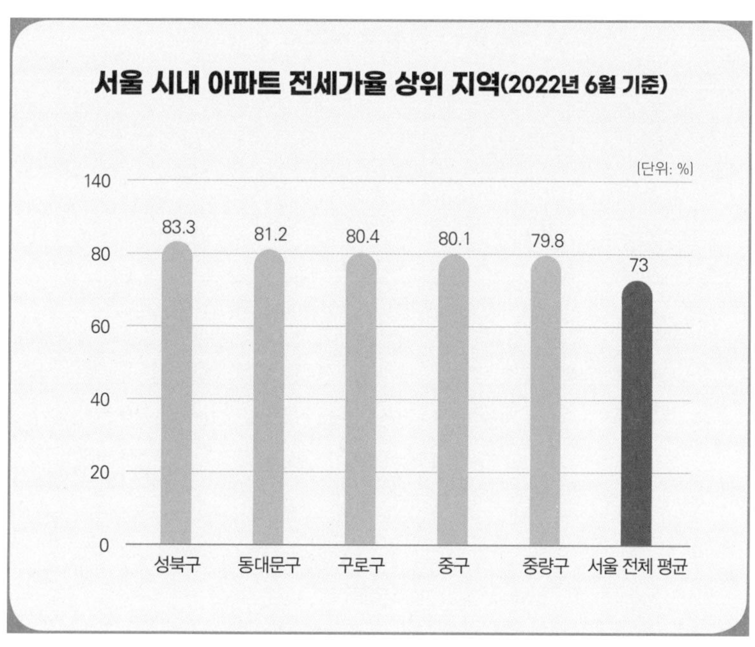

자료 : KB부동산시세

에서 갭 투자가 상대적으로 많이 이루어졌다. 쉽게 예를 들어, 매매 가격이 3억 원인 아파트가 있고, 그 아파트의 전셋값이 2억 8,000만 원이라면 전세를 끼고 2,000만 원으로 집을 사는 방식이다. 갭 투자를 하는 이유는 전세 계약이 종료되면 전세금을 올려받거나 매매 가격이 오른 만큼의 차익을 얻을 수 있기 때문이다.

일명 깡통주택으로 분류되어 집을 잘못 구입하면 세입자의 전세금을 돌려주지 못하는 어려움에 처할 수도 있다. 이렇게 전세를 떠안고 매수하는 투자에는 도박과 같은 리스크가 존재한다. 무리해서 많

전세가율 높은 아파트 실거래 가격 변화

서울 성북구 정릉 2차 e편한세상 전용 59㎡(11~13층)			
구분	2020년 상반기		2022년 8월
매매가	4억 1,400만 원	⟶	8억 5,700만 원
전세금	계약 없음	⟶	5억~7억 원
서울 구로구 개봉두산 전용 84㎡(25~27층)			
구분	**2020년 상반기**		**2022년 8월**
매매가	2억 8,800만 원	⟶	6억~9억 원
전세금	2억 6,600만 원	⟶	3억~4억 원

자료 : KB국민은행, 부동산 114

은 물량을 갭 투자를 위해 확보했다가 막대한 손해를 본 사례도 종종 발견된다. 갭 투자에 나서 무리하게 많은 물량에 손댔다가 일시에 가격이 하락하며 막대한 손해를 입기도 한다. 극단적 선택을 하는 투자자까지 있다.

물론 어떤 이들에게는 갭 투자가 매력 있는 투자방식이다. 실제로 부동산을 통해 거액의 수익을 올린 이들의 상당수가 갭 투자를 재테크 방법으로 사용했다. 자금에 여유가 있는 부유층 사이에서 선호도가 높은 투자방식이었고, 이들은 그룹을 이루어 특정 단지를 집중공략해 매매가를 삽시간에 올리는 방식으로 차익을 실현하기도 했다. 그래서 의도적으로 집값을 올리는 부도덕한 투자방식이라는 비난을 받기도 했다. 수도권 큰손이 지방으로 원정을 다니며 특정 도시 집값을 단숨에 끌어올리는 부작용을 낳았다는 평가도 받았다.

법적 테두리 안에서 이루어지는 경매 투자

부동산 경매를 통한 투자는 철저하게 법적 테두리 안에서 이루어진다는 점이 갭 투자와 구분된다. 법원을 통해 법적 절차를 지켜가며 정확히 진행되는 투자이기 때문에 도덕적으로 비난을 받을 일이 없다. 또한 갭 투자에 비해 위험부담이 월등이 적다는 점도 경매 투자의 장점으로 꼽힌다. 경매는 그룹을 조직해 가격을 조작하거나 일시에 가격을 내리거나 올리는 등의 행위가 사실상 불가능하다. 부동산 경매는 가장 합법적이고 현실적인 투자 행위다. 그러면서 안전성도 갖추고 있다. 경매는 또 나락으로 빠져든 누군가를 구제해줄 수 있는 방법이란 점에서도 주목받는다.

갭 투자의 경우 주변의 누군가가 하는 것을 보고 따라하면서 시작하는 경우가 많다. 갭 투자를 하는 사람들끼리 특정 단지를 집중 공략해 값을 올려놓고 동시다발적으로 빠져나오는 전략을 구사하기도 한다. 이러한 행위를 "작전을 건다"라고 표현한다. 하지만 경매는 작전이 통하지 않는다. 철저하게 개인플레이를 통해 수익을 챙겨야 한다. 그래서 신사적이고 합법적이라고 할 수 있다. 투자자들 간에 서로의 발목을 잡을 필요도 없다. 그냥 자신의 소신대로 투자하면 된다. 갭 투자를 먼저 배운 이들은 그것이 전부인줄 알지만 갭 투자는 위험

부담이 크고, 누군가에게 피해를 줄 수도 있다는 점에서 주의를 요한다. 경매로 옮겨 타면 더 안정적으로 누군가에게 도움을 주면서 투자할 수 있다.

갭 투자의 장점과 단점

소액으로 가능하다는 갭 투자의 장점

갭 투자의 장점은 소액으로 가능하다는 것이다. 심한 경우 내 돈 한 푼 안들이고도 주택을 구매할 수 있다. 보통 서울을 제외한 수도권 지역과 지방 대도시 등에서 갭 투자가 진행되고 있다. 명의만 가져오면 언제든지 주택을 구매할 수 있다. 금융권에 대한 이자비용도 전혀 없다. 전세를 구하는 세입자가 나오면 해당 전세를 안고 주택을 구매하기 때문이다. 대출심사, 신용도, 이자비용에 리스크가 전혀 없다. 수익률은 일반 부동산 재테크보다 높게 나오고 있다. 수익률을 쉽게 설명하자면, 일반 매매로 아파트를 1억 원에 구매하고 1년 뒤

1,000만 원이 올랐다면 수익률은 10%다.

낙찰가 1억 원짜리 아파트를 70% 대출받고 내 돈 3,000만 원으로 구매했는데 1년 뒤 1,000만 원이 올랐다면 수익률은 33%다. 부동산 갭 투자로 1억 원짜리 아파트를 90%의 전세를 떠안고 내 돈 1,000만 원으로 구매 후 1년 뒤 1,000만 원이 올랐다면 수익률은 100%다. 이렇게 갭 투자 수익률은 일반 부동산 재테크의 3배 이상이다. 정부의 부동산 대책이 강화됨에 따라 투기과열지구 및 조정대상지역의 경우 대출을 40%까지만 허용하고 있다. 대출을 받고 싶어도 받을 수 없는 상태이기 때문에 대한민국에만 있는 전세 제도를 이용하여 이자비용도 없는 수익률 높은 갭 투자 방법이 선호되고 있는 것이다.

엄연히 리스크가 존재한다는 갭 투자의 단점

100% 이상의 수익을 낼 수 있다는 것은 100% 리스크도 존재한다는 의미다. 이번엔 갭 투자의 단점을 이야기해보자. 갭 투자는 기본적으로 구매하는 부동산이 무조건 상승할 것을 전제로 투자하는 것이다. 하지만 수요자가 줄어들기 시작하면 수익은 고사하고 손해를 볼 수도 있다는 문제점을 안고 있다. 무리해서 갭 투자로 10채, 20채의 아파트를 구입했는데 부동산 가격이 무너지면 단숨에 큰 손해를 입게 된다. 2008년 금융위기에 갭 투자자들이 동시에 몰락했던 일을 기억하면 이해가 쉽다. 부동산 가격은 계속 오른다는 것이 상식이고

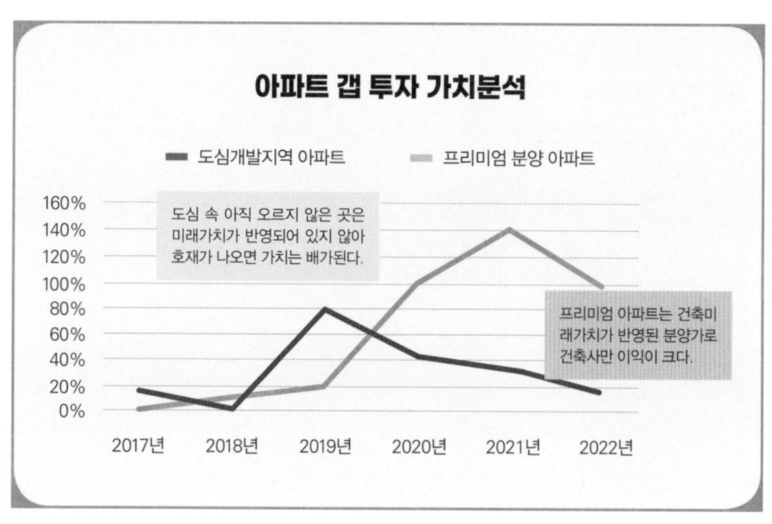

진리인 것 같지만 경우에 따라서는 하락할 수 있고 심지어는 폭락을 하는 경우도 생기게 마련이다.

예를 들어, 금융권에서 1억 원 대출을 받아 내 돈 1억 원을 보태 2억 원짜리 집을 구입해서 살았다고 하자. 1년 뒤 집값이 폭락하여 가격이 반 토막 나서 1억 원이 되면 매월 금융권 대출 이자에 허덕이게 된다. 도저히 안 되겠다 싶어 현재 시세가 1억 원으로 집을 처분해서 은행 대출 원금 1억 원을 갚게 된다. 그러면 집도 없고 돈도 날리는 꼴이 되는데 이를 두고 팔아도 남는 게 없는 깡통주택이라고 한다. 갭 투자는 더 큰 하이 리스크를 안고 있다. 본인의 돈만 날리는 것이 아니라 세입자에게도 큰 타격을 줄 수 있다. 1억 원짜리 집을 9,000만 원에 전세를 안고 구매했는데 매매가 및 전세가가 7,000만 원 이하로 떨어졌다고 가정하면 세입자를 추가로 구한다 해도 마이너스 2,000만 원이라는 갭이 생기게 된다.

갭 투자 시 주의해야 할 사항

보통 갭 투자를 하는 사람들은 주택을 최소 5채 이상 많게는 100채 이상 가지고 있는 경우가 많다. 이 경우 동시다발적으로 주택 전세가 및 매매가 하락으로 몇 십억 원의 채무를 안게 되며, 결국 감당하지 못해 세입자들에게 전세금을 돌려줄 수 없게 된다. 세입자들에게 저렴한 가격으로 주택을 매도하려 시도하지만 세입자들은 구입하지 않는다. 결국 해당 물건은 강제경매 당하게 되며, 결국에는 전세비용을 못 건지는 사태가 발생되는 것이다. 실제로 이런 사태가 여러 차례 발생했다. 이 경우 갭 투자의 대상이 됐던 물건들이 경매시장으로 흘러 들어온다. 경매 대상이 된 부동산을 들여다보면 이 같은 스토리를 안고 있다.

강제경매

부동산 강제집행 방법의 하나로 법원에서 채무자의 부동산을 압류하여 매각한 후 그 대금으로 채권자의 금전채권을 만족시키는 데 필요한 절차를 말한다. 예컨대 채권자가 채무자를 상대로 승소판결을 받았는데 채무자가 빚을 갚지 않을 때 채권자가 채무자의 부동산을 압류하고 매각하여 그 매각대금으로 빚을 받아내는 절차가 강제경매다.

특정지역의 경매물건이 동시다발적으로 나오는 경우가 이런 경우다. 통상 갭 투자의 실패로 나오게 된 물건들이다. 그냥 내 돈 안 들이고 금융권 이자가 없다는 이유로 갭 투자를 하

갭 투자 성공전략

» 가격으로 보지 말고 가치로 보라

» 위험에 준비하라

» 타이밍이 생명이다

» 분산 투자하라

» 데이터 분석(실거래가, 전세가)

면 몸에 휘발유를 뿌리고 불구덩이로 달려드는 것과 똑같다. 갭 투자를 진행할 때는 신중해야 한다. 향후 미래가치가 높은 지역을 선정해 환금성이 높은 아파트를 선택하고 변수에 대비해 자금을 보유하는 것도 필요하다. 그냥 싸다고, 내 돈 안 들어간다고, 여러 채 살 수 있다고 갭 투자를 하면 크게 손해를 볼 수 있다. 그래도 갭 투자를 꼭 하고 싶다면 위의 내용을 철저히 준비하고 투자하길 바란다. 절대 한 가지라도 충족이 되지 않으면 갭 투자를 잠시 미루고, 무모한 갭 투자보다 부동산 경매로 안전한 수익을 만드는 것이 낫다.

100세 시대,
축복인지 재앙인지는 당신의 선택

우리나라는 노인 빈곤율이 OECD 국가 중 압도적 1위라고 한다. 은퇴 가구 중 약 60% 정도는 생활비가 부족하다고 한다. 쉽게 말해 대한민국 국민 절반 이상이 노후에 최저 생활비에도 못 미치는 자금으로 살게 된다는 말이다. 노후준비조차 하지 않는 사람들에게 이유를 물으면 "노후가 당장 온 것도 아니고 그냥 나중에 시간될 때 천천히 생각할 일이다. 그런데 앞으로도 별로 생각하지 않을 것 같다"는 답변이 대부분이라고 한다. 즉, 대부분의 사람들이 현실에 안주하며 살고 있거나 막연한 정도로만 노후를 준비하고 있다는 이야기다.

고령사회로 치닫고 있는 지금 상황을 감안하면 준비 없는 노후는 재앙이 될 가능성이 높다. 또한 건강수명이 73세, 평균수명이 85세인

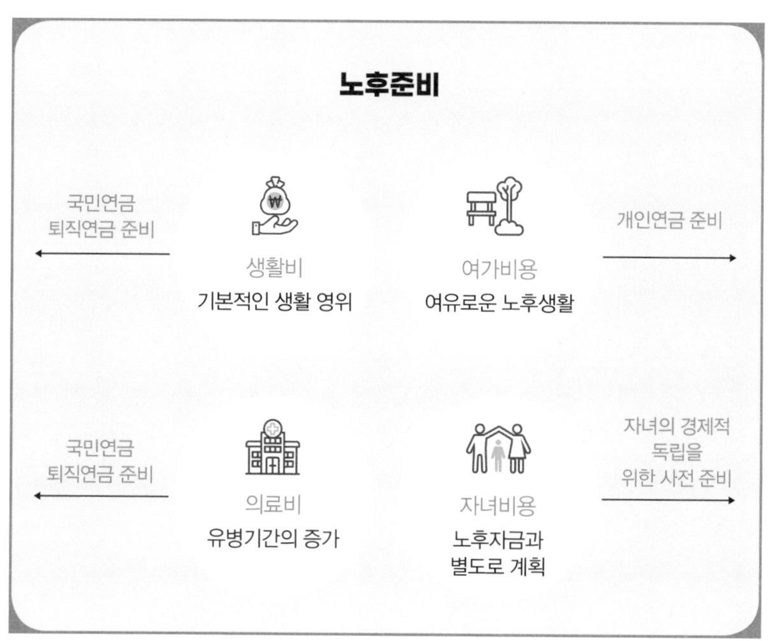

것을 생각할 때 12년 동안 질병이나 사고로 인해 아프고 고통스럽게 살아야 하는 실정이다. 이렇다보니 국내 노인 100명 중 7명 정도는 자살을 생각해본 적이 있다고 한다. 대단히 충격적인 현실이다. 이런 극단적인 선택을 생각하는 이유는 경제적 어려움인 경우가 가장 많은 것으로 조사됐다. 이처럼 먼 일처럼 느껴지는 노후라고 해도 언젠가는 오기 때문에 위험을 최소화하고 행복한 노후생활을 위해 철저한 준비를 해야 한다.

좀 더 구체적인 이야기를 하면 평균 기대수명은 평균 85세이며, 법적으로 정해져 있는 정년퇴직 시기는 60살 전후가 된다. 약 25년간

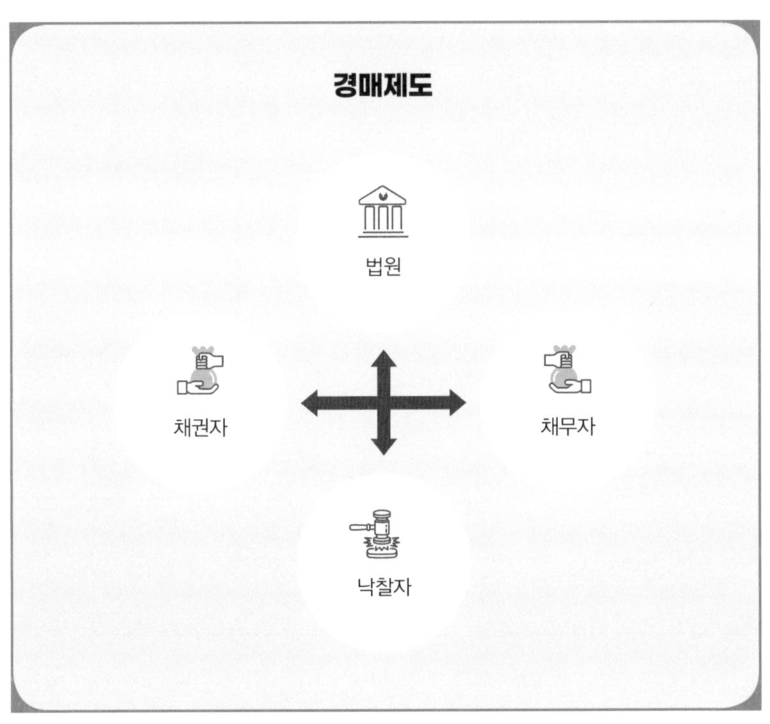

은 생산활동을 하지 않고 소비만 하며 살아야 된다는 이야기다. 노후 준비 실태 보고서에 따르면 중고령자 부부가 생활할 수 있는 최소 생활비는 250만 원이다. 이는 특별한 질병이 없는 건강한 노년생활을 가정했을 때로 최저 생활을 유지하는 데 필요한 금액이 이 정도라는 말이다. 예를 들어, 한 부부가 통상 55세에 은퇴해서 평균수명인 85세까지 30년을 생활한다고 하면 약 9억 원 정도의 노후자금이 필요하다. 장차 평균수명이 연장될 수 있다는 점을 감안하면 약 10억 원 이상의 돈이 필요하다.

남성의 경우 대학 및 군대를 다녀오고 제대로 생산활동이 가능한 나이가 30살이라고 가정하면 약 25년간 정상 업무가 가능하다. 아끼고 아껴서 약 150만 원 정도 매월 저축을 한다고 가정하면 약 4억 5,000만 원을 모을 수 있다. 노후 자금인 10억 원의 50%에도 못 미치는 금액이다. 현실은 이 금액도 못 모을 가능성이 높다. 생각해보자. 이것이 가능하려면 현재 다니고 있는 회사가 55세까지 잔존해야 하고, 55세까지 회사에서 살아남기 위해서는 동료들보다 업무능력이 뛰어남을 인정받아야 한다는 말이다.

또 병원비를 생각하면 절대 아프지 말아야 하며, 음주가무 등 사치성 생활은 꿈도 못 꾼다. 철저하게 기본 생활만 한다고 했을 때는 최소 금액으로 살아갈 수 있겠지만 그렇게 살아가는 것이 무슨 의미가 있을까? 노후생활이야말로 풍족하고 여유로워야 한다. 아플 때 주저 없이 병원에 가야 하고, 젊어서 하지 못했던 일들을 할 수 있는 금전적 심적 여유가 있어야 한다. 더욱 무서운 것은 미래 수명이 지속적으로 상향되고 있어 평균 수명이 85세를 넘어 100세까지 연장되고 있다는 점이다. 삶의 질이 더욱 떨어질 수밖에 없다.

전 국민이 가난하던 시절을 생각하면 오래 산다는 것은 그저 목숨을 연명하는 것을 의미했을지 모른다. 누구나 가난했던 시절이니 가난은 큰 불편도 아니었고 흉도 아니었다. 하지만 이제는 사정이 달라졌다. 다수의 사람들은 "가난하고 병들어 오래 사는 것은 아무 의미가 없다"는 사고방식을 갖고 있다. 병 없이 풍요로운 환경 속에서 장수를 누리고 싶어 한다. 실제로 이 생각이 맞다. 병들고 가난하게 오래 사는 것은 축복이라기보다는 재앙일 수 있다. 그러니 건강을 유지해야 하고 걱정 없이 노후를 즐기며 살 수 있는 시스템을 한 살이라도 젊을 때 구축해두어야 한다.

노후준비는 선택이 아닌 필수다

누구나 나이가 들게 마련이고 경제활동을 하지 않으면서 살아야 하는 시기가 생기게 마련이다. 그 시기에는 일을 할 형편도 못되고 일자리를 찾기도 어렵다. 미리 준비하지 않으면 아주 고통스러울 수밖에 없는 시기인 것이다. 따라서 현실을 인지하고 앞으로 다가올 미래를 생각해야 한다. 일을 하지 않고도 매달 안정적으로 정해진 수익을 내며 여유롭게 생활할 수 있는 상황을 마련해야 한다. 일반적인 가정의 경우 노후에 부부가 빈곤에서 완전히 벗어나 기본생활 외에도 문화생활과 여유생활을 즐길 수 있는 정도는 준비해 두어야 한다. 하지만 일을 하지 않고 수입이 발생하는 구조를 만든다는 것이 말처럼 쉽지는 않다.

확실한 것은 현재 가지고 있는 돈으로 적금하고 아껴 쓰는 형태로는 절대 그런 상황을 만들 수 없다는 거다. 아끼고 저축해서 자금을 모아 노후를 대비한다는 것은 현실적으로 불가능한 희망사항일 뿐이다. 그런 소극적 대처로는 절대 닥쳐올 미래를 바꾸지 못한다. 그러니 금융권의 대출 레버리지를 잘 활용하여 적극적으로 재산을 증식해 나가야 한다. 안정적인 투자가 중요한 이유다. 여기서 말하는 안정적 투자는 부동산 투자 중 경매를 이용하는 방법이다. 경매를 통해 임대수익을 세팅하고, 단타 매도로 재산을 2배씩 올려야 한다. 그러면서 추가적으로 내가 일하지 않아도 수익을 만들 수 있는 사업들을 구비하고 수입의 다변화를 이루어야 한다.

대부분의 사람들은 인생은 불공평하다면서 자신에게 위로 아닌 위로를 하며, 현실에 안주하며 살게 된다. 그러면서 돈을 많이 번 사람들은 본래 집이 부자였을 것이라고 생각한다. 아니면 타고난 재능이 많아서라고 생각한다. 또는 모두가 부정을 통해 재산을 축적했을 거라고 매도한다. 이는 철저한 자기 위안이다. 이런 자기 방어적 태도는 발전에 전혀 도움이 안 된다. 사람은 태어날 때 저마다 다른 시작점에서 출발하기 때문에 인생은 어차피 평등할 수 없다. 그걸 인정하고 극복해 나가야 한다. 그래야만 더욱 발전된 인생을 살 수 있게 된다. 그러니 현재 자신의 부족함을 탓하지 말고 빠르게 인정하여 보다 발전적인 삶을 살아야 한다.

나는 가장 불행한 상황에서 출발했다. 앞을 봐도 뒤를 봐도 깜깜한 상황이었다. 아마 경매에 눈을 뜨지 못했다면 평생 그 어둡고 긴 가난의 터널에서 벗어나지 못했을 것이다. 다행히 경매를 알았고, 한 걸음씩 가난의 터널을 벗어날 수 있었다. 아울러 중견기업을 이루었고 안정적인 생활을 이어가고 있다. 내가 시련을 극복해나가는 모습을 지켜본 많은 사람들은 부러워하기도 하고 질투를 하기도 했다. 하지만 경매를 통해 부를 축적해가는 모습을 보고도 따라하지 않았다. 그들 중 다수는 여전히 부러워하기만 한다. 왠지 몰라도 경매를 시작하지는 않는다.

왜 그럴까? 경매가 어렵다는 편견에서 벗어나지 못하고 있다. 넉넉한 자본금이 있어야만 뛰어들 수 있다고 생각하기 때문이다. '언젠가는 시작해야지'라고 생각하면서 정작 뛰어들지는 않는다. 불필요한 걱정을 하기보다는 바로 실천하고 실행했다면 이미 경매 고수가 되었을지도 모른다. 이미 적지 않은 수익을 올려 남들이 부러워할 만한 재산을 가졌을지도 모른다. 진작 뛰어들었다면 지금쯤 전혀 다른 삶을 살고 있을지 모른다. 누구나 물질적 부를 누리며 안정적으로 살고 싶어 한다. 하지만 그런 삶은 가만히 있는 사람에게 저절로 주어지지 않는다.

경매는 안정적인 수익이 보장되는 투자방법이다. 요행을 노리는 도박도 아니고 누군가에게 피해를 입히는 투기와도 전혀 다른 재테크 방법이다. 국가가 합법적으로 진행하는 채무정리 절차다. 혹자는 경매에 대해 부정적 이미지를 갖는데 이는 경매를 잘 이해하지 못해서 그렇다. 경매는 어려움에 처한 개인이나 법인을 구해주는 구제책이다. 경매제도가 없다면 그들은 어려움을 털고 재기할 수 있는 기회를 마련하지 못할 것이다. 경매라는 제도를 활용해 재기할 수 있는 발판으로 삼는 것이다. 채권자들도 경매를 통해 빌려줬던 자금을 안정적으로 회수할 수 있게 된다. 경매를 통해 재산을 증식하고 노후를 준비하는 발판을 마련하기 바란다. 경매는 어둠에 빠져 있는 삶을 빛으로 인도하는 하나의 시작이 될 것이다. 나의 경우처럼 말이다.